名文を読みかえす

夏目漱石からプロジェクトXまで

馬場啓一
baba keiichi

いそっぷ社

名文を読みかえす❖目次

01

山下清に、いい文章とは何かを学ぶ

あちこちでひらかれるぼくの展らん会のとき、サインをする時間があって、午前一時間、午後一時間というようになっている。ぼくの絵の絵ハガキや一枚刷のものや、式場先生がぼくのことをかいた本などにサインしてあげるのです。これはいつもいっぱいの人です。どうしてサインをすると、あんなによろこぶのか、ぼくにはわかりません。

汽車にのったりしているときでも、ぼくだとわかるとハンケチや手帖《てちょう》をだしてサインをしてくれという人がたくさんいるので、ときどきやってよいのか、わるいのか迷ってしまうことがある。サインというのは、ぼくの子どものときなどはなかったので、いまの子どもがどうしてサインがすきなのか、おとなでもサインが好きな人のいるのはどういうわけか、さっぱりわからない。あんまりサインさせる人が多いので困ってしまって、式場先生にあれはどういうのですかときいたら、あれはサイン病というのだといわれました。サイン病というのは、どういうたちの病気ですか、やはり精神病ですかときいたら、そうだ、神経病、精神病の一種だというのです。それではどんな薬をのませたらなおるのですかときいたら、薬はいらない、放っておいてもそのうちなおるという話です。こんな病気の人にぼくも手伝っているのですか、といったらサイン病はひどい伝染病だがサインしてくれる人が人気がなくなったらやむこともある、君だってそのうちだれもサインをさせなくなるだろうからいまのうちは、せっせと病人のいうことをきいてかいてやりなさいといわれた。そういう話をきくとますますわけがわからなくなるが、暑いときなどはサインすると疲れてしまうので、このサイン病の人に満足させるのも骨がおれるといったら、弟の辰ちゃんはそれは有名になった人の税金だと思えといいました。こうしてサインするのも税金をはらうと同じことですか、それもおかしな話です。おかしな話はいくらもあるが、人はそれをおかしがらないでいる。ぼくだけがどうしておかしいのか、そのわけをきいてみたいが、きくとまたわからない返事にぶつかるので、ぼくはわからんでもだまっていようということにしているので、これからはサインのこともほしい人にはしてやるつもりです。

サインをしてもらったものは、どこへどうしてしまっておくのか。それをときどきだしてながめて面白がっているのか、忘れてしまうのか、きいてみようと思ったこともあるがめんどうなのでそのままにしておきました。ぼくの母や弟や妹がサインをたのまないのに、知らない人がどうしてサインをたのむのか、そのわけもきいてみようと思ったことがありました。しかしそれもぼくだけが知らないことかもわからないので、笑われると恥しいから弟にもききません。

——「サイン病」『日本ぶらりぶらり』ちくま文庫

解説

山下清は、その絵の才能で知られる。しかし文章もなかなかに達者であり、なにより明快で丁寧であることに、心動かされる。

こういう文章を書くのは、やさしそうでいて実はむつかしい。

ここではきちんと「サイン会」なるものの紹介がなされる。それがどういうものであり、どうやってそれをこなすか、筆者はきちんと丁寧に書いている。これらの記述が要を得ているから、それに続く彼自身の思いや、疑問が、読む人間にも伝わるのである。

仮にだが、サイン会なるものを知らず、山下清の名前さえ知らなかったとしても、世間にはそういう催しがあり、そこには著名な人間が立ち会うことが、これでわかる。現在ではありきたりの催事かもしれないが、この文章の書かれた昭和三十年代には、そう一般的ではなかったのだろう。そしてその上で、こういうものが楽しいと思う人間がいるのに自分は違う、と洩《も》らす筆者の気持ちが伝わってくるのである。

文章を書く上で最も重要なのは、読み手のことを考えることだ。書く人間ではなく、読む人間がわかる文章を、書く必要がある。ここのところが多くの場合なおざりにされるため、意味の通じにくい文章が生まれることになる。それは大いに不親切なのだが、読む人間のことを考えない者には、皆目見当がつかない。

ところでこれは、書かれた内容も、書き方も、子どもの手になるもの、のような印象を受ける文章である。漢字を使うべき部分で平仮名にしてあったり（展らん会）、だらだらと続く（きいてみようと思ったこともあるがめんどうなのでそのままにしておきました）。そして、そのように書くことの非を責めるのはたやすい。

だが、サイン会なるものに対しての疑問や驚き、そして最後にはそれを納得したことが、ちゃんと読むものには伝わってくる。子どもが皆このように書けるとは限らない。大人である読者は、その狭間《はざま》にあるものを読み取り、感じて、山下清という人間を理解するのだ。それがなかなかに読ませる文章であることに気づいて、ふーん、と思うのである。

相手は不特定である。手紙や、伝言ではなく、誰が読むかわからない文章である。人間は、何より自分が誰を相手にしているのかわからないと、不安なものである。その不安はプロとアマ、達人と素人を問わぬ。そういう不安を払拭《ふっしょく》し、ただこのように丁寧に書くことで、文章の目的が果たされていることを知る。

山下清の画風は、驚くほど緻密《ちみつ》に描きこまれた色と造形にある。びっしりと、針先ほどの隙間《すきま》もなく描きこまれた内容に、人々は驚嘆する。それがもし丁寧さという資質に拠《よ》るものであるなら、文章においても山下清は同様のことを成した、と言うべきだろう。

ポイント

読み手のことを考えて、丁寧に書く。
意味の通じる文章が、いい文章なのだ。

02 東海林さだおに、改行の必要性を学ぶ

朝の四時。

あなたはいつもどういう状態で過ごしていますか。

「グーグーです。グーグーのまっ最中。グーグー佳境に入る、といったところですね」

そうでしょう、それが普通の人間の生活というものです。

四時はグーグー。

五時もグーグー。

六時もまだグーグー。

七時とか八時になって、ようやく目覚ましで起こされて起床。

目がさめてもしばらくは頭がボンヤリして、半分起きて半分眠ってる半ネム状態。

まだ本当の人間ではない。

トイレに行ったり、歯をみがいたりしているうちに、少しずつちゃんとした真人間になっていく。

朝、目がさめた瞬間、

「47×39は？」

と、いきなり訊《き》かれても誰もすぐには答えられないと思う。（ぼくは起きてても答えられないけど）

猫なんかも人間と同じですね。

昼間でも、眠っている猫を突ついて起こすと、三秒ほどはボンヤリしている。

「2×3は？」

なんて訊いてももちろん答えない。

三秒ぐらいたってようやく事情をのみこみ、急に真猫になってじゃれだしたりする。

昼間でさえそうなのだから、まして午前四時の猫は真猫どころか半猫状態。

猫も人間も半猫半人間状態の午前四時、その時間帯にもうすっかり真人間になっている人々が、

「ドイタ、ドイター」

などと声を張りあげて荷車を引いて走り回っていたり、何百万円かの大取引をしたり、一匹百万円から一千万円というハバのあるマグロの値段を推定したりしているのが、築地の魚河岸なのだ。


——「築地魚河岸見学ツアー」『明るいクヨクヨ教』文春文庫

解説

段落を多く取れ、とは常日頃いつも自分に言い聞かせていることである。すなわち文章の区切りを、頻繁にこさえること。それにより、読む側は理解しやすくなる。ブロック、つまりひとかたまりの文章は、そのサイズが小さいほど、理解が容易であると考えるからだ。

その理由は、人間の目が文章を追うとき、字句の理解と同時に、見た目で文章を把握しているから。センサーのように、見ただけで、これは、読まないでという意味だが、文章が脳に飛び込んでくることが、あるからだ。ブロックそれ自体が、文章の意味を雄弁に表していることが、あるのだ。

ことに平仮名やカタカナの多い文章だと、その傾向が強い。

読むのではなく、見るのである。

それにより、読む以上に素早く文意を掬《すく》い取ってしまう。

個人差があるが、読むのが早い人は、大体こういう特質を有しているのではないか。

それは、多くの文章が決まり文句で出来上がっているからで、世にユニークな文章と呼ばれるもの以外は、大体そういう傾向にある。

突然だが、東海林《しょうじ》さだおは相当ユニークなことを、いつも言っている。それが東海林さだおである。そのユニークさは、ジョーシキと離れるところ紙一重であるが、不思議なことに、読む人の共感を受けるところ大なのである。

すなわち書いていることがジョーシキどおりであれば、人は読まない。読まなくてもわかっているからね。ではジョーシキと大幅に異なっていると、どうか。この場合も、人々は読みません。それじゃワタシと関係ない、と思うからである。

その虚実皮膜のような部分で、東海林さだおの文章は成立している。人気を博している。飛躍するようだが、だからきっと、このように段落ばかりの文章を書くのだろう。

こんなに段落の多い文章は、ちょっとない。

なにしろ魚河岸へ行くためにわざわざ朝の四時に起きた、ということを言わんがために、延々二ページにわたって、行変え行変えしつつ、うんうん書いているのである。

これは中味のあることとは、とても言えない。言えないが、これを書くことで、東海林さだおの、わざわざ行ったのだ、大変なのだ、というのが伝わってくる。

そして読者は、そういうことを行ったことを、うんうんと書く東海林さだおを、大いに面白がっているのだ。

その意味で東海林さだおの文章は、まことに端倪《たんげい》すべからざる文章であると言ってよい。

ポイント
段落はそのかたまりが小さいほど読みやすい。
だから改行を心がけよう。

03 川本三郎に、文尾のセオリーを学ぶ

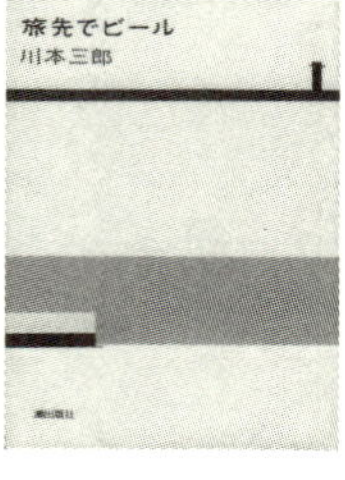

浅草の吾妻《あずま》橋を渡ったところにある名物ビヤホール、アサヒビヤホールが五月いっぱいでなくなるというのでマガジンハウスの編集者K君と見おさめにいった。K君はこのビヤホールの地元で生まれ育った下町っ子である。その週の金曜になくなるというのでゆとりを持って水曜日に行ったのだが、それでも行列を作ってようやく入れるという大混雑だった。

ここは年に数えるほどしか来なかったがよかったのは相撲の場所が開かれている時だった。平日の夕方五時頃ここに行くと大きなテレビの前に、近くに住む相撲好きの隠居たちがビールを飲みながら勝負を静かに楽しんでいる。ちょっと私などうかつには近づけないいい雰囲気だった。

このビヤホールの近くには私とほぼ同年齢の主人がいるいい古本屋があったのだがこれも今年になって消えてしまった。ビヤホールの跡地には墨田区の区役所やコミュニティセンターが出来るという。

ビールを飲んでK君と吾妻橋のうえで夜の隅田川をながめた。川風が気持よかった。

――「NYから新刊の宅配便が、エッセーの書きにくい時代に」『パン屋の一ダース』リクルート出版

先だって多摩の羽村市を歩いた。

多摩川に沿った丘陵に、古い住宅街が広がっている。どの家も緑があふれている。歩いているうちに、他の町に比べていちだんと美しいことに気がついた。

理由がわかった。生垣が多いのである。

どの家も、マサキやアカネ、カイズカイブキなどの生垣に囲まれている。都心の個人の家がコンクリート塀やブロック塀で囲まれているのとは違う。どの道も生垣で囲まれた緑の並木道になっている。生垣の良さに感じ入った。

大正の終わりに東京の田園調布の町が渋沢秀雄らによって開発された時、住民のあいだで、公園のような町にしようと、いくつかの取り決めがなされた。

高い建物を作らないとか、住宅と道路のあいだに幅を持たせるとかの決まりである。そのなかのひとつに、生垣を作ろうというのがあった。生垣が町の景観をよくすることが理解されていたのである。羽村の町の生垣も、住民のあいだに暗黙のルールがあった結果だろう。

この季節に咲く好きな花にウノハナ（ウツギ）がある。白く清潔な花が咲く。唱歌「夏は来ぬ」は、♪ウノハナのにおう垣根に……とこの花を歌っている。「垣根」とあるからウノハナの生垣のこととわかる。明治時代に作られた唱歌に生垣の良さが残されている。

――「生垣が町をきれいにする」『旅先でビール』潮出版社

解説

川本三郎の『パン屋の一ダース』及び『旅先でビール』である。

文章の末尾は「だ」や「た」「である」でまとめたい、という作法の好例として挙げた。

それでは「です」や「ます」でまとめるのと、「だ」「である」とは一体どこが違うのか。答えは、こちらの方が簡潔だという、ただその一点。「です」や「ます」は丁寧に響くが、そしてそれは結構なことなのだが、「だ」「である」の言い切りの方が、読み手にダイレクトに伝わる。これが利点である。

およそ文章とは、書き手の「意」や「心」を伝えるものであり、ツールである。何事かを伝えるために、文章はある。それ以上でも、以下でもない。だから日記とかメモなら、どう書こうと構わない。読むのは、基本的に自分だけだからだ。

だが、文章を、相手に何かを伝えるためのものと考えるなら、これはもうダイレクトすなわち直截《ちょくせつ》な方が良いに決まっている。簡潔を旨とする、いわゆる「通信文」のようなものなのだから。対して「です」や「ます」で文尾をまとめるのは、そういう自分の「意」や「思い」を伝えるときに、ちょっと、もどかしい。それだけのことだ。だがこの、それだけが、文章では重要なのである。

そして、もう一つ重要なのは、「だ」や「た」「である」をそれぞれの言葉だけで続けない、というセオリー。続けても伝わるし、それをイケナイと断じるのは、ちょっと勇気がいる。しかし、「だ」にしろ「である」にしろ重ねると、そこに意図がある場合は別だが、通常は、よろしくない。よろしくない理由は、ウルサイからである。

引用の文章を見てみよう。名物ビヤホールに、知り合いの編集者と赴いた話だ。最初の段落は「いった」と「である」そしてまた「だった」と繰り返しを避けている。このことで、文章がスッキリしている。次も同様。「だった」で始めて「いる」と続き、最後は「だった」で終えている。三番目も同じ。「しまった」から「という」によって終えている。

二番目の引用文も「た」や「である」を交互に使って変化をつけているが、そういった止め方の他に、「違う」とか「だろう」のような「う」での終わり方もあることの用例として挙げた。さらに言えば「……したい」など「い」で文尾を整える方法もあるだろう。

川本三郎の得意ジャンルとされるインタビュー、作家論、映画解説、作家論などは、引用や相手の発言を受けての文章になる。そのため「だ」「である」のセオリーとは少し外れることが多い。だがここに引用した文章は、気楽なアフター・アワー・セッション（くだけた談笑）のような文章になっている。だから、あっさり書いているのだが、それでも、そこは川本三郎だから、きっちりセオリーを踏襲している。さすがですね。

ポイント

文尾の「だ」や「た」「である」は続けないこと。交互に使うと、文章が単調にならない。

04 プロジェクトXに、文尾のアンチセオリーを学ぶ

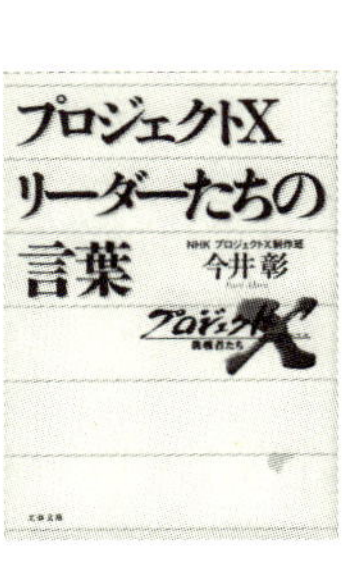

平成二（一九九〇）年六月二十九日、横浜市磯子区のとあるホテルで日本ビクターの牛頭進《ごず》は、じっと壇上を見つめていた。別れの瞬間を胸に刻みつけようとしていた。この日、日本ビクター副社長、高野鎮雄《しずお》の「感謝のつどい」が開かれていた。会場には二十年間にわたり、高野の元でビデオ戦争を闘い続けた二百七十人の部下たちが駆けつけていた。高野と生きた凄絶《せいぜつ》な時代を思い出してか、ミスターＶＨＳと慕った伝説のリーダーを失う痛みからか、中年の男たちが、会場のあちこちで泣いていた。この男との別れの場にはいつも多くの人々の情感に充《み》ちた光景が生まれる。

高野は妻の智恵子と壇上に進んだ。

〝ミスターＶＨＳ〟〝ビデオ産業の風雲児〟。数々の伝説的な異名とは裏腹に、高野は切れ者特有の構えとも、経営者の尊大さとも一切無縁の温厚な顔立ちをした初老の男だった。

壇上で高野はしばしば黙り込んだ。いつもは感情の起伏をほとんど見せない男だったが、この日は違った。何度も言葉につまり、はにかみながら、懸命に語り始めた。

「ＶＨＳの時は夢中でしたね。皆さんもなんでもいいから夢中になってください。夢中っていうのは大変すばらしいことです。何故《なぜ》あの時、そんなに夢中になれたかっていうとね、ここに集まっておられるような大変すばらしい仲間をね……神様がね……私の周りに……こんなにすばらしい人たちをね……神様が、よりによって私の周りに置いてくださったからです」

——今井彰『プロジェクトＸ　リーダーたちの言葉』文春文庫

解説

ご存じ「プロジェクトX」のナレーションである。

一世を風靡《ふうび》した「風の中の昴《すばる》……」の主題歌でも有名である。中島みゆきはNHKの紅白で、これを歌った。

番組放映中は欠かさず見ていた。様々な苦労話が紹介され、よくネタが尽きないものだと感心した。通勤電車で一緒になるような普通のおじさんが、実は凄い仕事を成し遂げていたのだというのが、視聴者に大いに訴えたのだろう。

日本中の人々の感動を呼んだが、その大成功の秘密は、このナレーションにあったのではないか、とひそかに思っている。ナレーターは俳優の田口トモロヲ。

もちろんナレーション原稿を書くのはナレーターではなく番組構成者だが、そこには一つの特徴があり、それが独特の静かな感動を生んでいるのに気づいた。

そしてそれをまた田口トモロヲが深く理解して、独特の口調を作り上げていた。

「プロジェクトX」の成功はここに深く結びついている。そう思った。

それは文章の最後が「た」で結ばれていること。

ここでも、日付から始まる最初のブロックは、「じっと壇上を見つめていた」「胸に刻みつけようとしていた」など文章がすべて「た」で終わっている。「る」で止めるのは最後の文章だけである。

続く第二、第三、第四の段落もそれぞれの文章を「た」あるいは過去形の「だ」で終わらせているのに注意したい。そう、これは意図した文章作法なのである。

通常の文章は「だ」や「である」そして「た」で止める際、それを繰り返さないこと、つまり同じ「だ」ばかりで終わらせないことが、文章の単調さを救う効果があると、教えられる。

「だ」や「た」、「である」を交互に使え、というセオリーだ。

だが、ここでは、大いに意図して、そしてひじょうに大胆に「た」だけで止める。そのことの繰り返し。なかなかに挑戦的である。

結果として、淡々とした印象と一種の深みが生まれることになる。

単調であるというマイナスが、逆に淡々とした響きを生じさせることに寄与しているのだ。そしてそれは毎回続く。誰が考案したのか知らないが、不敵な試みである。そしてそれは見事に成功したのである。

記述を淡々と記していく場合、こういう作法を駆使すると、深みと客観性を生み出せることに留意したい。

ポイント

文章の最後を「た」だけで終わらせると、淡々とした響きが生まれる。

05
團伊玖磨に、会話の重要性を学ぶ

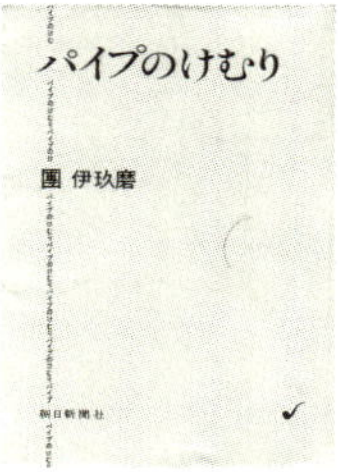

ある年の暮れ、彼女は又お別れを言いに来た。

「今度はラスベガスなの。長いのよ。五カ月の契約をしたの。帰ったら又おうかがいしますわ」

「何時《いつ》発つの？」

「今日、これから発ちます。ノースウエストで」

「お友達と？」

「いいえ、ひとりぼっちです」

「じゃ、今日は送ってあげよう」

「本当!?」

「本当だよ。もっとも羽田までは送れない。バスの出るターミナルまで」

「本当？　私、送られたこと無いんです」

夕暮れの寒い街にはXマス・セールのデコレーションが賑々《にぎにぎ》しく飾ってあって、一人で発って行くこの娘の紅《あか》いコートを何となく淋しく見せた。

「元気でね、からだに気をつけて」

「本当に有難うございました」

彼女は走り出すバスからほのぼのと手を振って発って行った。

二カ月程して、三月のはじめ、僕は力無く叩《たた》く軽いノックを耳にして、オフィスの戸を開けた。

そこには、真青な顔をした彼女が、松葉杖を突いて佇《た》っていた。

「どうしたの!?」

「墜《お》ちたんです」

「何処《どこ》から?」

「ラスベガスで、ゴンドラの上から」

そして彼女の美しい瞳からは、こらえていた涙が頬《ほお》を伝わりはじめた。(略)

——「転落」『パイプのけむり』朝日文庫

解説

エッセイのお手本、と言われる團伊玖磨《だんいくま》の『パイプのけむり』から、その第一巻に収められた名編。「転落」と題されている。

ある女性との交情と、その顚末《てんまつ》をクールに描き、膨大な量の『パイプのけむり』のエッセイ群でも、ひときわ秀でた作品である。

不幸な結末に終わるお話、であるが、後味は悪くない。大いなる余韻が、漂う。遠い昔の、霧に包まれた物語のように仕上げているから、エッセイというより、どこか短編小説のような味わいになっている。

——ここで学ぶべきは会話である。

会話を文章に入れると運びが円滑になる。人肌の温もりが伝わるからだろう。当該人物の姿が浮かび上がる効果もある。

生々しさや緊迫感も、地の文だけのものより深まる。

さらには、説明されるだけでは伝わりにくい臨場感も増す。良いことずくめなのだ。しかしワザを要求されるのも、会話を挿入する時の条件としてある。難しいことなのだ。

ここで用例の文章を見てみよう。

誰が喋った、とか、どういう顔をした、とかの説明が一切なく、余分なものが見事に省かれ、僅《わず》かな情景描写の中で、ギリギリまでそぎ落とされた二人の会話だけが並ぶ。

会話だけで構成しているという、その技法には、一種の凄みがある……。

説明は最低限に抑え、感情も加えず、ただ会話だけでコトを運ぶようにする。このことで、会話が無駄のないものになっていく。そういう凄さだ。

こういう具合に喋ったと、読んだ相手に納得させるには、余計なことを省略しなければならない。人々は、普段、決してこういう無駄のない喋り方をしないものだ。ここでの、いかにも自然な、サラっとした会話は、だから文章上の技術あっての、ことなのである。

誰も、普段、こんな具合には喋りません。

もっと、余計なことを、くだくだ言っているのが、普通の会話だ。

それを、名人芸とも言うべき團伊玖磨の文章力が、いかにも二人の自然な会話のように仕立てている。だから凄い。

真似するには、どこが邪魔か、どこは必要か、それをあれこれひねくり回すことになる。推敲《すいこう》に推敲を重ねる必要があるだろう。

登場人物の二人になったつもりで、口調を変えながら、物語を形成していく。辛くシンドイ作業。だが、それを続けることで、ある実感というか、手応えを感じるはずだ。

ポイント

会話のない文章はつまらない。
できるだけ会話を入れるようにしよう。

06 ビートたけしに、一人称の扱い方を学ぶ

電話番号を教えたのがまずかったのか、それ以来、二カ月か三カ月に一遍は必ず電話がかかってくる。それがいつも小遣いの請求だった。

「小遣いないから小遣いくれ。二十万ちょうだい」

オフクロというのは、何だ、相変わらず金なのかなって、少し寂しい感じだった。だけど、育ての親の恩と思い、人づてに渡したりした。人間苦労すると、やっぱり金が命なのかなとずーっと思っていた。

それでいて、警察に捕まったときには、「頼むから死刑にしてくれ」と言うし、事故を起こせば、「死んでしまえばいいんだ」って言うし、相変わらずの毒舌。こっちも、オフクロにだけはそんなこと言われたかないやって、腹を立てて電話してみると、そう言わなきゃ世間が納得しないとか、もっともらしいことを言う。

それなりの考えと愛情を持って喋《しゃべ》っているのか、菊次郎の息子はやっぱりばかだと思っているのか、知りようがなかった。

で、裏では相変わらず、おいらが太田プロに入れば、太田プロに挨拶《あいさつ》に行っているから、ますますわけがわからない。で、こっちが太田プロをやめて独立すれば、またまた「すいません、いろいろありまして」とか謝って回ったらしい。

おいらのテレビも一通り目を通していて、電話掛けてきては評論家みたいなことを言う。

「相変わらずばあさん殺せだとか、ばかなことばっかし喋って、おまえは。近所のおばあさんたち怒ってるぞ、くっだらねえことばっかし言ってるって。もうちょっとちゃんとできないのかね」

やれやれ、おいらはこの年になっても、オフクロのことを考えると、なんだか頭が混乱してくる。まだまだ二人の間の勝負がついていないということなのかなと。

結局、おいらはオフクロの手のひらの上で踊っている人生かと、少しいらいらした気分になってきた。えい、もう一本飲んじゃえと、缶ビールのふたを開けた途端、中から猛烈に泡が吹き出し、顔にかかった。何だかオフクロが怒ったような感じがした。(略)

——「SAKI」『菊次郎とさき』新潮文庫

おいら、という一人称で堂々と世の中を渡っていけてるのは、クレヨンしんちゃんと、ビートたけし、だけである。クレヨンしんちゃんの場合は、正確には「おら」であるが。たけしには一度だけ会ったことがある。といっても、エレベーターの扉を開けると、そこにたけしが、いた、というだけだが。

おいら、という一人称で文章を書くのは、おそらくビートたけし、だけであろう。そこには強烈な自己主張と、いくらかの卑下がある。北千住の生まれだ、たいしたもんじゃないよ、という照れと、へりくだりである。

世界の映画祭で数々の受賞を果たしながら、決して世間レベルの常識を忘れないビートたけし。もっとも、忘れないのと、守るのは、また別であるが。

普通の文章では、一人称をできるだけ抑える、というのが文章作法のルールである。読む相手にとり、書き手の自分が存在するのは自明のことであるから、わざわざ「私は」と記す必要はないからだ。

所有格の「私の」は使用を許されるが、「私は」「僕は」「オレは」などと、くどくど書くのは文章作法としては下品とされる。

かつて伊丹十三が、アメリカの文豪ウィリアム・サローヤンの『パパ・ユーア　クレイジー』を翻訳したとき、あくまで実験的にだが、一人称「私」を原文どおり訳したことがある。ご承知のように英文では必ず「アイ」という人称が付いている。これをそのまま訳して、元の文章に近づけてみたらと考えたのだが、結果は散々。日本語の体をなしていないものになってしまった。難しいものである。それはすなわち日本語の一人称が、いかに扱い辛いものであるかの証明であろう。「下品」と断じるのはそのためだ。

だがここでビートたけしは、そういうルールを取り払うことで、大いなる自己主張と、存在感の示威を行っている。これがビートたけしの作法であり、それでいいのだ。だってそういうキャラクターですからね。

「新潮45」に連載している文章は大いに注目され、かの白洲正子も愛読者だったと、彼女のエッセイに書いてあった。たいしたものではないか。

実は私も同じく「新潮45」に連載していた時期があったが、こちらは、まるで評判にならなかった。二十五年くらい前のことだ。

自己主張、という観点から見たビートたけしの文章は、大いに参考になる。だが、ビートたけしではない一般の人々が真似するのは、やめたほうがいいだろう。理由は、書くまでもあるまい。

ポイント

「私は」「僕は」と、くどくど書かない。
主語の一人称はできるだけ抑えるのが基本。

07 川上弘美に、文章のリズムを学ぶ

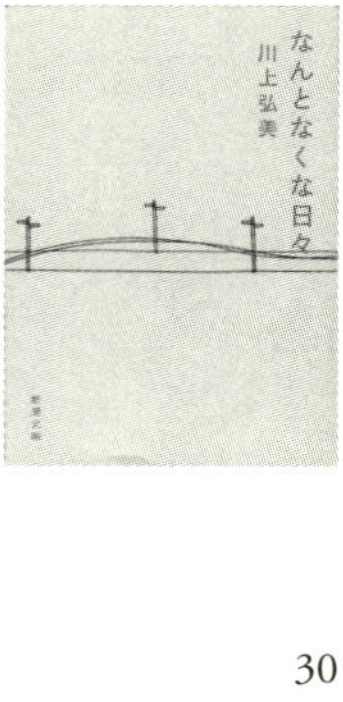

駅の掲示板に貼《は》ってあるニュース写真を見るのが好きだ。

情報は様々なところにある。ついさっきまでは知らなかった誰かしらの物語が、それらの中にある。目に映るすべてのものの中には幾つもの物語がひそんでいるのですよ、と情報は教えるのである。

ときどき私は、息苦しくなる。知らないということによっておかされるあやまちは多いのだから、情報は多いにこしたことはないのだが、こんなことは知らなくともいいのに、というような情報までが満ち溢《あふ》れているようにも思うのだ。むろん数ある情報の善悪を勝手につけるつもりは、毛頭ない。情報というものは薬と一緒で、使う本人のやり方次第で役にも立ち毒にもなるのだろうから、どんな情報だって、それが特定の個人をはなはだしく傷つける場合以外は、どんどん流れるべきものには違いない。ただし、この情報過多の時代にどうにも息苦しさを感じてしまうのも、事実なのだ。

そういうときに見る掲示板のニュース写真は、いい。そこにただある写真。ほんの少しの文

章。むろんそこにも無限の物語が隠されているはずだが、あえて物語を語り起こそうとしない潔《いさぎよ》さが、掲示板のニュースにはあるように思う。

というようなことを考えながら病院の待合室に座っていた。なぜ突然待合室なのか。風邪をひいたのである。この季節、気温の差が激しく、つい風邪をひきこむ。待合室にあったグラフ誌を読みながら、つらつら今書いたようなことを考えていたのだ。

グラフ誌というものにも、掲示板のニュースを読むよろこびと同じよろこびがあるように思う。そのグラフ誌では長良川の特集を行なっていた。表紙には二人の少女の写真。少女たちは、高さ十三メートルのつり橋の欄干から長良川に飛び込みをするのだという。笑いながらも緊張したおももちの少女たち。背景には長良川。

いい写真だった。少女たちはそこにいる。川は流れている。空には少しの雲がある。それだけのことなのに、あたたかいものがじんわりと湧《わ》いてくる。頁《ページ》をめくれば、長良川のまわりに暮らす人々の写真と数行ずつのキャプション。どの人たちも、そこにいる。人々をめぐる物語はあろう。しかし物語は掘り起こされない。今ここにあること、それだけで十分なのだ、と誌面は語っているように思えたのである。

風邪のぼうっとした頭で、私は長良川にかかる美しい雲とその下に並ぶ家々のことを、しばし想《おも》った。一人の風邪ひきに、ひとときの安らぎを与えてくれた長良川の人々と、記事を書いた写真家に、幸あらんことを。

――「長良川」『なんとなくな日々』新潮文庫

解説

川上弘美はなぜ人々に読まれるのか。それを考えるのに相応《ふさわ》しい文章が見つかった。『なんとなくな日々』。エッセイ集である。

例によって、と書いても川上弘美に縁のない人にはわからないだろうが、これは身辺雑記をダラダラと綴《つづ》ったという意味で、実際このエッセイ集もダラダラと書いてある。だがダラダラと書いてある文章でありながら、読むに堪える名文なのだ。

読むに堪える、などと誉《ほ》めているのか、けなしているのかわからない表現は失礼だろう。掛け値なしの名文である。人々はこういう川上弘美の名文を読みたくて、本屋に赴くのである。

どこがそんなに上手なの、といぶかる人もいるだろう。ちょっと目には、さほどでもない文章と映るからだ。実際、そうやって見過ごす人も多いに違いない。

しかし、いいのだ。いいのは、まずなにより、そのリズムである。

真ん中ほどにある「そういうときに見る掲示板のニュース写真は、いい」。この、「いい」の前に配された点がクセモノである。ここからリズムが律動を始める。すなわち、続く二つの文章「そこにただある写真」、「ほんの少しの文章」が、体言止めで、調子を作っている。そして「むろんそこにも（略）あるように思う」と〆《しめ》る。これが川上弘美タッチ。なかなかにキビキビとしており、男っぽい。言わんとすることがしっかり伝わってくる。試しに「いい」を「いいのである」とか、「写真」とせずに「写真の良さに唸《うな》る」とかにすると、毅然《きぜん》とした感じが吹き飛んでしまう。意味は通じるが、ダラダラした感じになってしまう。

大事なことは、ダラダラと綴っているのは内容であって、文章ではないのだという点。ダラダラした話をダラダラ書いたら、川上弘美ではなくなってしまう。

文章にリズムを生じさせるため、川上弘美はいわゆる体言止めを使う。「表紙には二人の少女の写真」や「笑いながらも緊張したおももちの少女たち」、「背景には長良川」というように、多用している。そしてさらに「少女たちはそこにいる」、「川は流れている」、「空には少しの雲がある」と文尾を「る」で揃《そろ》えることによるダメ押し。

いやはや上手なものですね。文章に息を吹き込み、ダラダラさせないのは一《いっ》に掛かってリズム、リズムしかない。そう確信しているのだ。それには体言止めと文尾の「る」。これが大事だと、しっかりわかっているのである。

そもそもタイトルの「なんとなくな日々」からして、凄いではないか。「なんとなくの日々」としたら、その川上弘美ワールドは別の方向へ流れてしまうのである。

ポイント

体言止めを使うと、
文章にリズムが生まれると覚えておこう。

08 池波正太郎に、短い文章の真髄を学ぶ

この年の秋の或夜《ある》。

めずらしく客足が絶えて、

（どうもいけねえ。こうして、ひとりぼっちで虫の声をきいていると……どうもその、自分《てめえ》が死ぬときのことばかり考えられてならねえ）

店の一隅で、

（年内にひとつ、どこかでお盗《つと》めをして気を霽《は》らそうか……）

ぼんやりしていると、

「おやじ。熱い酒《の》をたのむ」

ふらりと入って来た中年のさむらいがあった。

ひと目で、

（浪人だな）

と、九平は見た。

薩摩《さつま》がすりの着ながしに紺献上《こんけんじょう》の帯。

小刀は帯《お》びず、大刀を落しざしにしている風体《ふうてい》から、そう見たのであるが、月代《さかやき》もきれいにそりあげているし、顔つきも、

(品のいい……)

さむらいなのである。

「うわさにきいていたが、ここの芋酒は逸品《いっぴん》だというじゃぁねえか」

くだけた口調で、そのさむらいは、

「あとで、もらおうか」

「へい、へい」

「すこし腹がへっている。なにか口へ入れるものはねえかえ?」

「芋なますがございます」

「喰ったことがねえな。おもしろい。出してくれ」

「へい」(略)

——「兇賊」『鬼平犯科帳(五)』文春文庫

解説

ご存じ池波正太郎である。『鬼平犯科帳』「兇賊《きょうぞく》」の一場面。

どうしてご存じかというと、ほぼ一行ずつで文章が並び、それが独特の、見た目の「池波らしさ」を作り上げているからだ。徹底した「。」での改行、会話も独立した「　」で表現、等々を見れば、ひと目で、これって池波正太郎じゃない、とわかる寸法。

短い文章、一行で独立した文章が並ぶと、目からスイスイ文章が入ってくる。逆に、長い文章が佃煮《つくだに》のようになっていると、もうそれだけで目が（いやいや）をしてしまう。

そこへいくと、この池波正太郎、まことに読みやすく、かつ腹にたまる。この腹にたまるところが大事なところだ（腹にもたれる、ではない）。

ただし、短いとか読みやすい、一行で独立と、それだけを池波タッチで書いても、本家本元のようには、いかないのですね。充分にコトバの重みや背景が伝わり、長谷川平蔵の輪郭が立ち上がってくるのには、池波ならではの文章作法があるからだ。

例えば（　）の使い方。この文章のすぐ後では〔　〕も使われているが、こちらは〔八《や》百蓑《おみの》〕と、名詞を強調するためのもの。

問題は（　）の方である。すなわち（年内にひとつ……）。この、心の呟《つぶや》きというか強調が、（　）で包まれることで、読み手に、ここがキモなんだと注意を喚起する。

それも文中ではなく、前述の、独立させる書き方だから、否《いや》が応でも目立つ。一瞬の間を置いて、スパッと斬り込んでくる、そういう呼吸である。

だがそれを、声音を立てずにサラリと書くことで、逆に重みを感じさせる。名人芸とはこれである。だがこちらは、慣れれば、真似できないことではないだろう。

注目すべきは「熱い酒《の》」と振られる振り仮名。熱燗《あつかん》と書かれるより、こう書かれる方が、酒を飲みたくなる。そういう人が多いはずである。そのむかし谷譲二という作家が、これを得意とした。「回転式拳銃《コルト》」とか「酒場女《くろうと》」という具合。ちなみに谷譲二には林不《ふ》忘《ぼう》のペンネームもあり、『丹下左膳』は、その名で書いた。

それはとにかく、「事件《こと》」とか「お盗《つと》め」、「盗金《あがり》」というようなルビには、ほとんど一個の人格さえ、うかがえる。

短い文章と、「。」で改行する文章術、（　）やホチキス・カッコと呼ばれる〈　〉の使用、そして名人芸のルビ。これが池波である。

食べ物に対する熱意の強さ、すなわち食いしん坊であったことも、広く知られている。だが決してグルメとか呼んではいけません。そういうことを人一倍嫌う作家だった。

なんだか納得できる。

ポイント

文章は短く、改行は多めに。

目から入る印象で、読みやすいと人は思う。

09 青木玉に、長い文章の真髄を学ぶ

どんなに急いでみても病院が開いて事務が始まらなければ母を連れて帰ることは出来ない。それまでの間、家の中が障りなく人が動けるように物を片寄せ、仏具、座布団、茶道具、手洗のペーパータオルなど大よその目づもりをする。家の中はともかく外廻《まわ》りは人を頼むしかない。先代から母の所の庭を見てくれている植木屋の狩野さんに夜明けを待って連絡する。急なことですまないが何とかして今日来てくれないかと聞くと、都合をつけてすぐ来てくれると快くはっきりした返事に助かったと思い、ついで十年来ときどき母の身の廻りを手伝ってくれたやす子さんを呼び出して、こんなに朝早く起してと言いかけると、

「あの、先生に何か」

と言終らずに泣き出した。泣いている相手に無理にも手伝を頼み、最後に花と写真の手配を、姉のない私が長年の相談相手に頼って来た浅見さんに願う。

「先生がお宅にお帰りになる前に間違いなく」

と受け合って、

「玉子さん大事な時ですからお気をつけて」

と優しく言われた。

昨夜の雨で水溜《みずたまり》がきら〱する朝の街を、主人と病院へ急ぐ。通い慣れた電車に乗って座席に坐《すわ》ると、今までに考えていたらしく主人は手帖《てちょう》を出して一つ一つ用件を決めにかゝった。

親類への連絡は、区役所、本籍地への届け、第一どこで葬儀をするか、家ですると決めていても不可能なこともあると、近所への挨拶《あいさつ》、警察へも取り込むし道も塞《ふさ》ぐから頼んでおくように、電話も一本では使いものにならないからどうするか、葬儀屋さんはどこに頼むか、そしてお金の用意。廻りに通勤、通学の人が乗り降りし混む中で額を合わせて相談する。

頭が寝不足で熱くなり、考えは鈍ってから廻りする。土浦《つちうら》につくと目立って人が減り次の駅で降りた。（略）

――「三日間」『小石川の家』講談社文庫

解説

青木玉《たま》は幸田露伴の孫である。そして幸田文《あや》は母。ここではその母幸田文が亡くなった夜明けの緊迫した情景を描いている。

もとより祖父幸田露伴は、とうに世を去っている。文化勲章を受章した文豪幸田露伴は、相当に厳しい父であり、祖父であったようだ。

幸田文と青木玉の文章には、その人となりが随所に、仔細《しさい》に、描かれている。だが見方を変えるなら、天下の幸田露伴から孫として直接薫陶《くんとう》を得たというのは、大変な僥倖《ぎょうこう》である、とも言える。

さらには女性ファンの多い幸田文のことだから、彼女が母親だなんて素敵、ともらす読者も、いそうである。祖父譲りの厳しい母親であることまでは思い至らずに。

それはどうでもいいが、ここでは青木玉の文章の上品ぶりを味わってもらいたい。名著と名高い『小石川の家』である。

母親逝去の報を受けての明け方である。毅然《きぜん》としつつも、その死を受け入れることの辛さが、ひしひしと伝わってくる。

名文である。その心情を思い遣《や》って、読んでもらいたい。

注目すべきは冒頭の文章。長い一行である。本来なら点を打つべきであろう。いくつか、そうしたい箇所がある。だが青木玉はそれをしない。

それをしないことで、長い台詞《せりふ》を舞台で一気に吐き出すような緊迫感が生じている。

このページを読んでいると涙が出るのに困った。

人が亡くなったのだから、読んで哀しい文章であるのに違いはないが、あくまで他人である。どうして泣くのかね。

理由は、緊迫した文章の運びにある。まるで脇《わき》にいて青木玉の一挙手一投足を目の当たりにしているかのように、情景が迫ってくるのだ。文章の力であろう。

こういう文章に出会ったのは、初めてである。これが文豪の家に流れる血なのか。凄いことである。

冒頭の長い文章に続き、次の段落にも長いものが配されている。呟《つぶや》きのように響くが、もちろんそうではない。意図して台詞を「　」に入れないのだ。これも心を打つ。

それは、これが青木玉の、胸の底から出た叫びだからであろう。まるで、涙を堪《こら》えるために、無理して一挙に言葉を吐き出しているようだ。

長い文章は良くない。文は短く書けと常日頃は諭す。だが、長い文章にはこういう効果があるのだということも、知っておくべきであろう。

ポイント
文章術の鉄則は確かにある。
だが、真逆のことをやって名文が生まれるのも文章の世界だ。

10 三谷幸喜に、笑える文章の書き方を学ぶ

「オケピ！」の稽古《けいこ》場に行くと、「ニュースステーション」の久米宏氏がやって来るという話を聞いた。皆が帰った後で、松たか子さんと対談する企画らしい。

僕は浮足立った。久米さんとは知り合いでもなんでもないが、昔から著名人というと異常に舞い上がる性格なのだ。

（久米宏が来る……）

稽古の最中、僕の頭の中はそのことで一杯だった。スタッフからメモが回って来る。

「久米さんが稽古を見学したいそうですが、許可してもいいですか」

俳優さんに気を使わせたくないので、稽古場の見学は遠慮して貰《もら》っているが、稽古を見学している久米宏を見学したい一心で、僕は許可した。（略）

ところがだ。稽古が終わる七時になっても、久米は現れない。彼のために取っておいたシーンは結局やらず仕舞でその日は稽古終了。

（なんだよなんだよ、テレビの人はこれだからなあ）

そっとがっかりしながら、ふと顔を上げて愕然《がくぜん》となる。稽古場は天井が吹き抜けで、二階の部分がバルコニーになっている。そこにズラリと並び、息を殺してこっちを見ているテレビ関係者。そこには久米氏の姿も！　君たちはいつの間に来ていたんだ！

やがてテレビのスタッフが撮影の準備を始めた。せっかくだから久米さんにご挨拶《あいさつ》したかったが、こっちから行くのもなんだか格好悪いので我慢していると、出演者の一人川平慈英さんがやって来た。彼は「ニュースステーション」でJリーグコーナーを担当している。

「久米さん、紹介しましょうか」

「うそっ」

川平さんに連れられて廊下に出ると、いた、いた、久米宏。想像以上に背が高いぞ。そしてかなりの低姿勢。僕も緊張すると腰が低くなるタイプなので、ふたつの低姿勢が真っ向からぶつかる形に。

僕は久米さんが司会をしていた「ぴったしカンカン」の一般参加に応募した話を、聞かれもしないのに、した。一応久米氏は反応してくれたが、それほど興味がないのは、すぐに分かった。沈黙が訪れる。あの「しゃべり」の久米氏が沈黙を。そう思うと僕は完全に萎縮《いしゅく》した。その後は何を話したか覚えていない。あれほど会いたがっていたのに、会えば会ったで、一刻も早くその場を去りたいと思う。人間とは不思議なものだ。僕は逃げるようにして久米氏と別れた。（略）

——「稽古場に久米宏がやってきた」『三谷幸喜のありふれた生活』朝日新聞社

解説

舞台、テレビ、映画と大活躍の三谷幸喜の文章だ。

役者の演じる世界以外にも三谷は、このような軽妙なエッセイや読物、すなわち文芸のジャンルでも人々を引き付け、好評である。

三谷幸喜の世界には、どういう仕事においても、笑いの要素が漂っているのが特徴。どこか、おかしい、そう思わせるものを三谷幸喜は必ず、どこかに配している。

それはどういう作法なのだろう。

文章に関して言うなら、その呼吸と、運びの良さ。これは天性のものだ。そして、弾んだ呼吸が、なぜかストレートに続かず、微妙にズレと摩擦を起こす。三谷幸喜の文章のおかしさは、そういう（素直にいかない）ことによるおかしさだ。

具体的には、書き手である三谷幸喜と読み手との間に、もう一人の三谷（三谷その二）、みたいな存在があって、両者の仲立ちをしている。それがズレを呼び、摩擦を起こす。

本物の三谷と「その二」の三谷が微妙に違っているオカシサである。

そして、もう一人の三谷が本物を揶揄《やゆ》する。例えば、

「君たちはいつの間に来ていたんだ！」と嘆息。ここで笑いを取る。本物は知らないのに、もう一人の三谷（と読み手）は、それを先刻承知だからである。こうして生じたズレに人々は笑う。これは普通の人も、手紙などでは、しばしば使う手である。

「ワタシって、なんて馬鹿だったのかしら、ねえ」

自分を客観視することで、もう一人の自分（その二）の存在が浮かび上がり、そこに生じる本物とのずれが、笑いを呼び起こすのだ。

それともう一つ。（なんだよなんだよ、テレビの人はこれだからなあ）という書き方は、声に出すと都合が悪いこと、それを表に出さずに飲み込んでしまう状況を表現している。すなわち書き手の正直な心持ちは（ ）に包む。こういう書き方も三谷幸喜である。（久米宏が来る……）なんていうのも同じ。（ ）に入れないで、ただ「久米宏が来る」とするより、書き手の動揺とか、受けた衝撃の強さが伝わってくる。

ここで大事なのは、そういう「うかつな」三谷を描写し紹介する、もう一人の三谷幸喜がいるということ。自分を笑いの対象にして、それがオーバー・アクト（やり過ぎ）でも悲壮でもないのが、三谷幸喜の笑いなのだ。重ねて書くが、それでも嫌味や悲哀を感じさせないカラリとした笑いになっていることが、人々の共感を呼ぶのである。

文章に笑いの要素を持ち込むには、だから自分を突き放して見ること、そこから生じるギャップやズレを、カラリとした温もりで包むことが大事なのである。

ポイント

笑える文章とは、「自分を笑う」ことに尽きる。
そのためには、自己の客観視が欠かせない。

11 幸田文に、凛とした文章の書き方を学ぶ

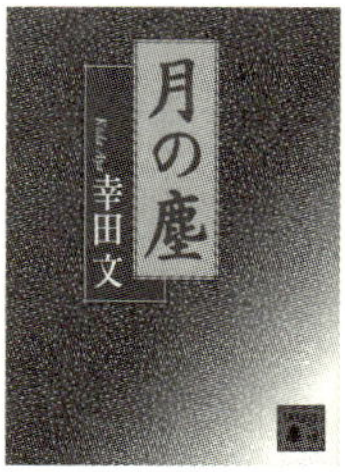

かぞえていまさらながら、その年数におどろく。台所へたちはじめてから、四十八年になる。かぞえ十四歳から手伝をはじめ、十六歳にはもういっぱしにお惣菜《そうざい》をきりもりし、以来ずっと今日まで。

まだこの先どれほどかのあいだも、私はやはりここに立って、野菜を洗い、庖丁《ほうちょう》をもち、火を使って、ささやかな作業をつづけようと思うのである。老いて、いつまでも、なにもそんな台所仕事など、苦労でしょうに、と娘は庇《かば》ってくれる。その思いやりはうれしいけれど、首を横にふりつつ、私はつい微笑をうかしてしまう。苦労だと思ったこともあるけれど、そんな時期はもう通りすぎて、今はここでする作業も、ここに立つ気持も、落着いて、静かで、たのしいのである。私はここと縁切になりたくない。

五十年に近い台所のうち、二度私はここをおろそかにしている。その一度は若くて我意をしずめることができず、夫をあきたりなく思って心あきたとき、もう一度は中年になって、急に仕事をもつ生活にかわったときである。若いときはすぐ立ちもどれたが、中年のときはしばらくおろ

そかさが続いた。そしてあるとき、はっと一時に、自分は台所で、どれほど育てられていたか、と思い当ったのである。

台所という場所は、公開のような、また自分だけの密室のような、ふしぎなところである。しかも火水の道具をそなえ、刃物があり、血を流すことがあっても平然としていられる部屋である。そこで自分はなにをしたろうとおもう。もちろん身をうごかして、魚卵《うお》をあつかい、料理の作業をした。それだけだったろうか。ちがう。

人の心も、公開のような、密室のような、あやしいからくりでできていると思う。台所で私はどんな気で作業していたか。おぼえがある。料理という公開の作業にかくして、欲もうらみも、不倫も嫉妬《しっと》も、冷淡も憎悪も、女ひと通りの業をさらしていたのは、いなめないのである。それ故に私はあそこで、我慢のあとの安らぎを、悲しみのあとのやさしさを、憎悪のあとの責め、嫉妬のあとのむなしさを教えられたのではないか。あそこは大根や魚を料《はか》るところでもあったが、女の心の業をこなす場所でもあった。教室だったと思う。

いま私は、ようやく静かな台所にいる。四十八年が必要だった、静かで平安な台所である。業は一生つきるよしもなかろうが、静かさを得て台所に感謝するのである。

——「台所」『月の塵』講談社文庫

解説

幸田文《あや》に学ぶものは多い。まず書き出しの「かぞえていまさらながら」という箇所。続く「台所へたちはじめてから……」の部分と、いわゆる倒置法になっている。

倒置法――国語辞典を引くと「表現を強めたり、ととのえたりするために語順を普通と反対にする方法」と、ある。正しくその通りで、ここでの倒置法は、辞典どおりの効果を上げている。短い文章だから、きりっとまとめるために、こういう書き方をしたのだろう。その後「いっぱしに……」と続けて古風な感じを醸《かも》しつつ、文尾の「以来ずっと今日まで」で再び、きりっとさせ、〆《しめ》る。この三行で、幸田文の言わんとすることはすべて言い表されているのである。

後に続く文章はその説明。短い文章はまず結論を書け、という作法にのっとった、見事な処理ではないか。

文章に気品というものがある。クラシックな物言いと、それを小体《こてい》にまとめる作法。これで、すっきりと文章が整い、それが気品を生むのである。

「庇《かば》ってくれる」、「微笑をうかして」のふたつも、古風ですね。そして「縁切」。まことに洗いざらしの木綿のような、凛《りん》とした風情が伝わってくる。

以下きりがないほどに、この繰り返し。古いが、いのちを失っていない言葉をあしらいながら、縦横に文章を紡《つむ》ぎだす。漢字をなるべく排し、平仮名にひらくのも、感じがいい。

さらに重要なのは「野菜を洗い」、「庖丁《ほうちょう》をもち」、「火を使って」と重ね、畳み込む書き方。心地よいリズムが感じられるだろう。これが、段落ラスト近くの「落着いて」、「静かで」、「たのしい」と呼応しているのに、気づいてほしい。

じつはこれ「台所という場所は……」の段落でも繰り返される。「公開のような」、「また自分だけの密室のような」というのが、「魚《うお》卵をあつかい」、「料理の作業をした」に呼応する。リズムを生み、同時に、漢詩のように対《つい》の句を呼応させることで、短い文章の中に、幸田文ならではの気品と、一種の気迫が生まれている。

続く段落も同様。「公開のような」、「密室のような」が「我慢のあとの安らぎを」、「悲しみのあとのやさしさを」、「憎悪のあとの責め、嫉妬のあとのむなしさを」の、比較的長い表現に、しっかり呼応しているのだ。

エッセイをまとめた『月の塵《ちり》』にある「台所」という文章だが、短い文章の中に、これらの技巧――と言ってしまうとちょっと違うのだが、ワザを利かせている。

ここはひとつ、全文を書写することをお薦めする（短いからね）。凄いことをやっている、と実感できるはずである。

ポイント

言葉を畳み込みながら、漢詩のように呼応させるワザ。それが気品を生む。

12 深田久弥に、客観的な文章の書き方を学ぶ

一口に吾妻《あづま》山と呼んでも、これほど茫漠《ぼうばく》としてつかみどころのない山もあるまい。福島と山形の両県にまたがる大きな山群で、人はよく吾妻山に行ってきたというが、それは大ていこの山群のほんの一部に過ぎない。

この山群には一頭地を抜いた代表的な峰がない。それでいて、東北では貴重な千九百米《メートル》以上の高さを持つ峰が、十座近くも群がっている。しかもそれらの峰がいずれもずんぐりした形で、顕著な目じるしがないので、遠くからこの山群を望んで、どれがどの峰かにわかに識別しがたいほどである。

そのなかで吾妻小富士が名の通り一つのまとまりを見せているが、しかし千七百米しかなく、形も小規模なので、これをもって吾妻山の代表とするわけにはいかない。東吾妻、中吾妻、西吾妻という名称の使いわけも、この山群の地形を分明にするものでない。それらと同資格の一切《いっさい》経《きょう》山、東大巓《だいてん》、西大巓などが、他に譲らず頑張っている。

この厖大《ぼうだい》な山群には、渓谷あり、高原あり、湖沼《こしょう》あり、森林あり、しかも山麓《さんろく》をめぐってあち

こちに温泉が湧《わ》いている。包含するところの景勝は甚だ豊富であるが、それを極めつくすのは容易ではない。

山群中のどの山へ登るにしても、その出発点は大てい温泉である。その入口の一つ、五色温泉から登って、山スキーのオールド・ボイズにはなつかしい青木小屋（今はない）を根拠にして、家形《いえがた》山や一切経山へ遊びに行った記憶は、もう私には三十年前のものである。小屋から硫黄《いおう》精錬所跡を経、土湯《つちゆ》峠を越えて沼尻の方へスキーを駆ったこともあった。（略）

――「吾妻山」『日本百名山』新潮文庫

解説

座右の書の一冊である。深田久弥《きゅうや》『日本百名山』。愛読している向きも多いと思う。そういう方は基本的には山好きであり、自分でも登山を趣味としている人だろう。ところが私の場合は、そうではない。ひとえに、深田のものす名文のためである。ここでは吾妻山について記述している。正直なところ、登ったことも、出向いたこともない山だ。聞いたことさえない。それが、文章の運びの良さと、表現の的確さで、まるで旧知の山のような気持ちにさせてしまう。たいしたものである。

文章の作法としては、まず最初のブロックが「ない」で文尾を整えている。すなわち「山もあるまい」そして「一部に過ぎない」。これが、次のブロックでは「ない」と「ある」が並存する。「代表的な峰がない」それに「群がっている」ときて、「識別しがたいほどである」と、とめる。

次の第三ブロックも同様である。「わけにはいかない」、「ものでない」と続けてから「頑張っている」と〆《しめ》る。

第四ブロックはこれが逆になり、「湧《わ》いている」と収めてから「容易ではない」と終わる。

この後の文章も同様であるが、以上の四ブロックでわかることは、「ない」という打消しの言葉で、それまでに記された文章内容を否定しつつ、次の文章は「ある」と収めることで、自分の意見を提示する、というスタイルをとっていること。

己の意見に、より客観性を持たせようとする手法を使っている、ということがわかる。つまり、決して独断ではなく、様々に意見のあるところを示し、これによって筆者は、大いに意を尽くして最良と思われる内容を持ち上げているのですよ、という姿勢の強調だ。

このため、読者は無理なく筆者、すなわち深田久弥の言わんとするところを、受け入れることができる。山に不案内の私がすんなり読めるのも、このためだろう。つまりは意を尽くす、ということなのである。

独断と強い意志でガンガン書き飛ばされる文章も一種の爽快感《そうかい》があって、それはそれなりに説得されることもある。だがやはり、疲れる。そうかなあ、と思いつつ読むのは気分的にも辛い。まあ、しばらく黙って聞いていようと自分をなだめるが、やはりどうしても相容《い》れられない時が来る。男女の仲と同じであろう。随分と耐えたけど、どうしても我慢できないのよ、彼のそういうところが、と。

それはとにかく、深田久弥の文章は「ない」と「ある」の見事な使い分けによって、一般には身近ではない山の様子や性格を、まことに見事に描き分けている。山好きではない私が、座右の書とする所以《ゆえん》である。

ポイント

「ない」と「ある」の語尾を使い分けると、文章に説得力が生じる。

13 檀ふみに、映像的な文章の書き方を学ぶ

女優として最大の不幸は「雨女」であったこと……だと思う。

とにかく、女優を始めてこのかた、ロケーションというと、雨ばかりなのだ。

生まれて初めての撮影からして嵐だった。

美しい夕日を求めて北海道にコマーシャルを撮りに出掛け、二週間とうとう一日も晴れずに帰って来たこともある。

その二週間のうちたった一日だけ、所用のため私ひとり東京に帰った。その日はまた格別キレイに晴れ上がったのだそうだ。以来、スタッフの私を見る目つきが、グッと冷ややかになったのは言うまでもない。

ロケーションで最も嫌われるのは、トイレの近い女優と、なんといっても「雨女」なのだもの。

ロケに行くたびに雨に降られているうちに、私の人生観も変わった。

いたってペシミスティックになった。いたって用心深くなった。

東京の空がいかにご機嫌麗しく晴れていようと、予報がどんなに明るいことを言おうと、私は

決して騙《だま》されることなく、傘を抱きかかえ、長靴を履いて旅に出る。

しかし、そんなある日ある時のこと。くだんのいでたちで、とある空港に降り立った私を、ものの凄い勢いで怒鳴り飛ばした人がいた。

出迎えに来ていた演出家である。

「なんですか、あァた、その恰好《かっこう》は!?」

私の長靴をさした指は細かく震え、顔は怒りで赤くなっている。

「東京は雨だったんですか!?」

「イエ……あの……」

演出家の怒りは炸裂《さくれつ》した。

「大体あァた、ロケに長靴で来る女優がありますか！　縁起でもないッ!!　不届き千万!!」

と言ってる間に、みるみる雲行きが怪しくなり始めたのだからたまらない。

以後の雨は（雨ばかりだった）全部私のせいにされた。出番のないときまで、私に監視の目を光らせるのである。

「あァた、用のない時は寝ててください。あァたが起きると雨が降る」

以来、私は長靴を履かない。

ロケに傘など持って行かない。

それでも、やっぱり雨は降る。（略）

——「あめをんな」『まだふみもみず』幻冬舎文庫

解説

世に美しい女優は多いが、聡明《そうめい》であると評価されるのは、多くはない。檀《だん》ふみはその少数派の一人である。

檀ふみの文章の特色は、センテンスが比較的短く、そして改行が多いことである。一行足らずの文章がいくつもある。

実はこれは私が大学で学生に教えていることである。短く書け、改行を多くしろと。

檀ふみの文章はその素敵な見本である。

例えば、「女優として最大の不幸は『雨女』であったこと……だと思う」

まず最初の一行で、自分が雨女であることを提示する。それもくだくだと書かず、スポンと一行で止める。

続いて、「生まれて初めての撮影からして嵐だった」という一行が独立して、ある。

これも、前行の「（略）雨ばかりなのだ」に続けず、一行で独立させることで、次からその日の場面が展開できる。つまり場面転換を一行の文章で行っているのだ。

次の「美しい夕日を求めて（略）」の文章から、そのままズイズイと語ることができる。物語を語りつつ、背景やそのときの自分の気持ちを提示する。心で思ったことと、現実の場面とは元々別のものだ。だから当然別の文章にする。それが上手に出来ていると読めるのは、行を独立させているからで、これらを一つの段落の中で混在させると、ワケがわからなくなることを、彼女は知っているのですね。

中段の「……怒鳴り飛ばした人がいた」という文章も、ここでいったん止め、改行し、続きの文章は「出迎えに来ていた演出家である」と独立した一行にしてしまう。

これは要するにカメラの切り替えを行っているわけで、映画やテレビのドラマに出演することで、こういうカメラのテクニックを知り、文章に活《い》かしたのかもしれない。

すなわちカメラがまず檀ふみを写し、次に演出家を写す。そのときの画面は、檀ふみの見た目、目に映った情景になる。すなわちカメラの目は彼女の目なのである。この切り替えを、カット割りという。読んで話の状況が手に取るようにわかるのは、このためである。

檀ふみを聡明であると評するのは、カメラと長い間一緒にいるはずの女優が、すべて彼女のように、きちんとカット割りされたような文章を書けるわけではないからだ。もちろん男優も同様である。

文章表現では、相手に何かを説明するとき、このテクニックは大いに有用である。檀ふみは、それが出来る数少ない書き手であると思う。

ポイント

カメラの切り替えを文章で行う。
改行には、そうした役割もあるのだ。

14 植草甚一に、個性的な文章の書き方を学ぶ

なんだか気が引けるけど、ぼくのゼイタクときたら安っぽいし、お話にならないから、買ったものの値段を書きつけておくことにしよう。そうするとぼくのはゼイタクではなくって、ゼイタク感じゃないかということになるからである。

ぼくは散歩が好きな男だ。それが何か売っている場所でないと散歩する気が起こらない。だから散歩というよりブラつくといったほうがいいわけで、何かしら買って帰らないと、その晩の仕事がはかどらない。くたびれたなという気持がさきにたって、机に向かってもポカーンとしている。ジャズのレコードを買って帰った日は、すぐ聴いてみようというふうになるけれど、手ぶらの帰宅ではどうしようもない。

さてゼイタク感だが、ぼくには石鹸《せっけん》にたいする趣味はなかった。それは男だから当たりまえなことで、たとえば資生堂で新容器入りの石鹸を発売したときなど、ちょっといい入れ物だと思う程度だった。そんなときあるアンケートのお礼にフランスの石鹸「アルページュ」のセットをもらったが、あの黒い容器に惚《ほ》れ込んでしまって、机のうえに置いたまま眺めてばかりいた。トラ

ンプ型の大きさで、黒くふくらんだフタのまんなかが三センチの円で平らになっていて、そこに銀文字でアルページュ・ランヴァンと入っているだけである。それなのに日本の石鹼容器が恥ずかしくならないかと思うほど、フランス式に洗練されているので感心した。

それからはもっといい容器がありそうだなと思って、気が向いたときデパートの石鹼売場でガラスケースをのぞくと、ほしくなるのがある。中身もいい格好をしたのが多いけれど問題は容器のほうだ。やはりランヴァン社の楕円《だえん》型をした「ムッシュー」には容器の色彩が三種類あるが、とてもしゃれているので「アルページュ」よりも気にいった。

ほかにグレ社の「カボシャール」やジャン・パトゥの「アムール・アムール」やエルメス社の「カレーシュ」などを買ったが、一個千円の石鹼をお風呂で使っているとゼイタクというよりもゼイタク感のほうが、ぼくには強くなってくるのだ。(略)

いまはあんまり口にしないが「ヤスモノ買いのゼニ失い」という軽蔑《けいべつ》言葉があって、江戸っ子のことを指した。ぼくは明治末年の日本橋生まれなので、いつもこの言葉に引っかかりながら、買うとなると、そのときゆっくりと考える。だからその店の者は、こっちがケチな男で、あまりお金もなさそうだなと見当をつけるだろう。まあそんなところで、ほんとうのゼイタクはできない。仕事のあとでホッとし、ゼイタク感をあじわうために散歩に出かけるといったわけだ。

——「ゼイタク感という安いゼイタク」『J・J氏の男子専科』晶文社

解説

お馴染《なじ》みの植草甚一タッチである。一世を風靡《ふうび》したが、こういう文章を書ける人は、確かにそうはいない。やろうとすると、これが結構難しいのだ。

例えば冒頭の「なんだか気が引けるけど」という書き出し。芸人が言う「つかみ」つまり最初にパッと人をひきつけるテクニックが、ここでは使われている。「なんだか気が引けるけど」と言われたら、なになにそれはなによと、読み手は気持ちを、そそられるのである。

続く、「ぼくのゼイタクときたら」という、この「きたら」も凄い。

女性の口調、それも下町のおかみさんの口調である。日本橋の大店の若旦那《だんな》だったという植草の出自を、しかとわからせてくれる。それに「お話にならないから」も、下町タッチですね。

外出のときには靴の紐《ひも》も奥さんに結ばせていたという亭主関白だった植草は、一種の下町の遺物で、その遺物ぶりをファンは楽しんでいたのだ。

ニューヨーク在住記の面白さも、マンハッタンを東京の下町、それも戦前のそれと重ね合わせて書いていたから、ひじょうにユニークなものになったのである。

そして「ブラつく」とか「ポカーン」というオノマトペ（擬音語、擬態語）を実にあっさり駆使して、読み手を引き付ける。油断させる、と言ってもいいのだが、植草にはハナからそういう意図や深謀はない。

英語でスポンテイニアスという言葉があるが、植草甚一の書き方はまさにそれで、縦横自在融通無碍《むげ》に筆が進むのだ。

幅広い知識と、独特の審美眼。これが植草甚一の文章を作り上げた。

そもそもタイトルからして「贅沢《ぜいたく》」ではなく「ゼイタク」であり、現代風に言うB級の扱いになっている。さらには、自分でも書くように「ゼイタク」ですらなく「ゼイタク感」なのだ。

本当のゼイタクなんて、こんなもんじゃない、と知っていたのが植草だった。それが独特の韜晦《とうかい》につながっていく。

このように、植草甚一の文章を貫く下町風の物言いには気負ったところがなく、それはB級指向を先取りしていたことがわかる。

植草風に書く秘訣は、お喋《しゃべ》り口調、それも徹底的に江戸の下町のおかみさんの口調を、なぞることである。

それを男の感覚で文章にすれば、立派な植草甚一タッチが出来上がる。

ポイント

読んでいて何となく引きつけられてしまう、お喋り口調。
「つかみ」の技も覚えておきたい。

15 片岡義男に、カッコいい文章の書き方を学ぶ

並木のある二車線の道路の両側に、建物がまばらになった。そして、やがて道路は空港の敷地に入った。その道路は、空港の敷地をまんなかでふたつに分けていた。

片方は、小型機や私有機のための滑走路および格納庫のスペースだった。コンクリートの広がりのなかに小型機が何十機とならんで陽に輝き、そのむこうに平たい格納庫がいくつもあった。

もういっぽうは、広い駐車場をはさんで、コマーシャル・エアラインのためのスペースだ。発着便のためのロビーや空港オフィスの建物が平たく四角に広がり、管制塔のむこうにフィンガーがまっすぐ長くのびていた。フィンガーには、定期旅客便のジェット機が何機か、品種を変えすぎた銀色の金魚のように、陽ざしのなかにとまっていた。

ロビーの出入口の前で、田村明彦は、オートバイをとめた。

タンデム・シートから、ヒッチハイクのロディオ・カウボーイが、降りた。

「ありがとう。おかげで、間に合った」

「お安いご用です」

手を振って歩み去ろうとしたロディオ・カウボーイは、振りむいてうしろむきに歩きながら、明彦を示した。

「その女のにおいは、雨嵐《あまあらし》に洗ってもらうといいや」

明彦は、微笑をかえした。ロディオ・カウボーイが、左脚をかすかにひきずりながらロビーに入っていくのを、田村明彦は見守った。

明彦は、オートバイを発進させた。ロビーの建物の裏にまわり、駐車場の隅《すみ》にオートバイをとめた。エンジンを切ってオートバイを降り、裏口からロビーに入った。

サングラスをはずした彼は、洗面所へ歩いた。洗面台のなまぬるい水で顔と手を洗い、コーヒー・ショップにむかった。

コーヒーと軽食の調理場を、ステインレス・スティールのカウンターが馬蹄型《ばていけい》にとり囲んでいた。そのカウンターの奥のほうに、ジューンがいた。

金髪をバンダナでポニーテールにたばね、ブルージーンズにVネックの草色のTシャツ。顔や腕、そして胸もとが、深く陽焼けしてきれいな褐色《かっしょく》になっていた。ジューンは、コーヒーが半分ほど残った白いカップを前に置き、地元の新聞を読んでいた。(略)

——「アリゾナ・ハイウェイ」『いい旅を、と誰もが言った』角川書店

解説

片岡義男の『いい旅を、と誰もが言った』である。一見何の変哲もない文章であるが、九割がたの文尾が「た」で閉じている。注意されたい。残りも、せいぜい「だ」くらいで、同類である。

すなわち本書で、例の「プロジェクトX」のときに論じた、「た」で文章を終わらせる作法。片岡義男のこれがその、おそらく嚆矢《こうし》であろう。三十二年まえの文章だから、鼻祖というか、「た」で〆《しめ》る文章の始まりだ。

テディ片岡と称していた時代もあり、翻訳家であった片岡義男が、小説を書き始めるのは四十年くらい前。翻訳の文章は一つのジャンルを形成している。だが、片岡義男はそれを咀嚼《そしゃく》して、作家として確立した文章を手に入れた、と思われる。

後に、ゆっくり取り戻したのか、違う位相から取り入れたのか、それはわからないが、この「た」のオン・パレードは、そういう片岡義男の元翻訳家という特性を如実に示すもの。こうやると、ハードボイルド・タッチになるのだ。都会派の英語小説っぽくなる、と言うべきかもしれないが。

文章作法として取り入れるのは、難しくないし、いまの時代には大いに引き立つ文章になる。つまりは、カッコいい文章になるわけだ。「た」で〆る短い文章である。

その上で、さらにここではカタカナの氾濫《はんらん》が見られ、いやがうえにも翻訳風、向こうの小説風のタッチが生まれている。同じ本の中から「彼はいま羊飼い」の一節では、「エレーンは、三〇代のおそらくなかばだろう。もっといっているかもしれない。だが、進行して積みかさなっていく年齢は、彼女の肉体の外面や雰囲気のなかには、あらわれていなかった。自分の年齢を、とても充実したある時点で、とめてしまうことに成功していた。自分で自分を完全にコントロールするという日々の営為は、うまくいっているのだ」

ここでも「(年齢は)あらわれていなかった」とか「とめてしまうことに成功していた」、さらには「コントロールするという日々の営為」といった辺りが、翻訳調である。すなわち行為を客観視し、機械のメカニズムを説明するような、無機質な描写。

前述の「た」による収め方と、その独特の翻訳調で、読者はハリウッド映画を見ているような錯覚に陥る。そしてそれは片岡義男の当初からの狙《ねら》いであることに気づく。

現代風でカッコいい文章になると説明するのも、そこには映画的なシャープな文章になる、という含みがある。

英語でクリスピーと表現するが、パリッとした乾いた文章にしたいとき、この「た」の使用と、それが冗長にならない刈り込んだ翻訳っぽい処理が、有効であると覚えておく。

ポイント

「た」で〆る短い文章。

翻訳調の言い回しを加えると、鉄板のカッコいい文章だ。

16 向井万起男に、親しみがもてる文章の書き方を学ぶ

日本は、国民一人当たりの卵の年間消費量では世界のトップグループに属するそうです。日本人は卵が大好きなんですね。そういえば、私も卵が大好きです。皆さんも、そうじゃありません？

アメリカも、国民一人当たりの卵の年間消費量では世界のトップグループに属するそうです。アメリカ人も日本人に負けず劣らず卵が大好きなんですね。他に卵大好き国家を挙げろと言われたら、ドイツと答えておくとイイらしいです。

ところで、卵が大好きなアメリカ人が日本に来ると面食らうことがあります。私は何人ものアメリカ人から、〝あれにはホントに驚いたなぁ。どうして、あんな不思議なことをしてるの？〟と訊《き》かれたことがあります。

スーパーに卵を買いに行ったとしましょう。卵のパックは10個入りというのが多いですね。日本人なら、このことに驚いたり不思議に思ったりしませんよね。ところが、アメリカ人は驚き、不思議に思うんです。アメリカでは、卵のパックは12個入りというのが普通なので。

……で、日本で卵を買うと2個も騙《だま》されると言うアメリカ人もいます（これは冗談です）。

ようするにアメリカ人にとっては10よりも12の方がキリがイイんです。12は1ダースなので。

さて、私にも不思議に思えることがあります。人類史上最も壮大なプロジェクトとさえ言えるアポロ計画で月面に立った男達の人数を知らない日本人が多いことです。人類史上初めて月に人間を送り込んだアポロ11号から月面に降り立った2人だけだと思っている人が実に多いんですよ。これを機会に、ちゃんと覚えてください！　12人です！　もう忘れませんよね。もし忘れてしまったら、卵のパックのことを思い出してください。そういえばアメリカ人は妙に1ダースが好きだったなぁって。

初めて2人の男を月面に送り込んだアポロ11号の後も、アポロ計画は続いたんです。17号まで。毎号、2人が月面に降り立っています（13号では事故が起こってしまったのは有名ですね。で、13号だけは一人も月面に送り込んでいません）。

ちなみに、月面に2回送り込まれた男は一人もいません。1ダースの男達は、それぞれ1回ずつだけ月面に送り込まれているわけです。世の中は一人の人間だけに甘くできてるわけではないということですね。日本のプロ野球でも大リーグでも、完全試合を2度達成した投手は一人もいないというのと同じです。でも、ノーベル賞を2回も受賞した人が4人もいるのはなんでなんだろう？　これはなんとなく不公平な感じがするけどなぁ。……まるで関係ない話ばかり続けてしまってスミマセン。

——「卵が一パック」『愛人の数と本妻の立場』講談社

解説

奥さんが宇宙飛行士、ということで有名になったのが向井万起男《まきお》さんである。この方は、科学者が本業であるのに文章が軽快で明快、ということで何冊も随筆集を出し、評判を呼んでいる。

で、この向井さんは相当に良い人柄であろうというのが、その文章から伝わってくる。それはもしかして語尾に「です」「ます」を使用しているからではないか、と思われる。「です」「ます」か、「だ」「である」か。これは永遠の拮抗《きっこう》ともいうべき問題で、選択を迫られると困ってしまう人も多いだろう。

手紙を別にすれば、「です」「ます」の出番は日常生活では多くない。ちゃんとした文章を書くとすると、そこではやはり「だ」「である」が妥当であることが多い。

どうしてかと言うと、相手に対してきちんと訴えたり、説明したりする場合には「だ」「である」という断定の方が、間違いが少ない。すなわち齟齬《そご》が避けられる、からである。だから一般的には「だ」「である」のような語尾を使え、と常日頃唱えているのだが、「です」「ます」語尾も捨てがたい。そう思うのは、この向井万起男さんのような文章を読むときである。

この「です」「ます」といった語尾の特徴は、たおやかで、優美な語感が立ち上がるところ。ま、女性的、と言ってよいかと思う。

これは断定的でないから、意見をぼかして伝えたいときに、大層便利である。「でしょう」という語尾など、いかにも玉虫色で、相手の反感を招くことが少ない口調になる。そして日本人は、こういう手法が大好きな国民だ。

決して悪人ではない。善人だな、きっと。というようなリアクションが期待できる、のである。

事実、この文章を読んでいると、向井万起男さんは、さぞかし善人であろうと、誰でも思う。そういう効果って、侮《あなど》れない。

さらにはおっとりした余裕、といったものを相手に感じさせる文章になるのも「です」「ます」といった語尾の優れたところ。例えばこの向井万起男さん書くところの卵のお話なども、実にどうも日米比較文化論みたいなところにまで到達してしまっている。

たかが卵のお話で、こういう高みが望めるというのは、これはもう、余裕である。知力の余裕、教養の余裕ですね。へりくだっているようだが、実は大変な人物なのではないか。そう思わせてしまうのだとしたら、放っては、いられないでしょう。

そういうわけで「です」「ます」といった語尾の有用性を知っておきたい。

ポイント
「です」「ます」調の文章には、たおやかで優美な語感が生まれる。

17 岩谷時子に、品の良い文章の書き方を学ぶ

冬と春との、ちょうど幕間《まくあい》にあたる、三月に生まれた私は、四季のうちでは春、それも春の初めが、いちばん好きな季節である。

そして、今までの生涯で心に残っている思い出の多くが、また、春につながるのも、やはり、私が春に生まれたせいではないだろうか。

幼年時代から少女時代にかけて住んでいた西宮は、まだ鉄道の土手にのぼれば、つくしや、たんぽぽ、すみれが咲いていて、春の畠《はたけ》は、れんげの花ざかりであった。

西宮といっても、夙《しゅく》川、甲子園、今津などを転々としていたので、これは、どこに住んでいたときのことか、定かではないが、今も忘れられない一つの思い出の風景がある。

私が十歳ぐらいの春の初めで、そのとき、なぜか私は、たった一人で外にいて、はるかな武庫《むこ》川の堤を眺めていた。

冬のあいだは見られなかった、生まれたばかりのように瑞々《みずみず》しい空の下を、武庫川堤は斜めに一線走っていたが、その堤の上に、色とりどりの衣服を身につけた、ひとすじの行列が、突然、

私の眼のなかに入って来たのである。そのうちの数人は、手に掲げた領巾《ひれ》のような長い旗を風になびかせ、また何人かは、膝《ひざ》をひらき手を泳がせて無心に踊りながら、真昼の夢のように堤を下手から渡ってゆくのであった。

彼らは、何かを口々に歌っていたのであろうが、遠くに立つ私の耳に、それはきこえず、首からさげて叩《たた》いていると見られる太鼓の音も、きこえない。ただ無音の風景のなかを、淡色の人の列が、ゆらゆらと堤を進み、行列は、やがて川のつきるところ、海の方角へと、ゆっくり消えて行ったのである。

今、思えば、その日は、韓国の祭りの日だったのでは、ないだろうか。

武庫川近くに住んでいた韓国の人たちが、堤を練り歩きながら、きっと自分たちの祭りをしていたのではないかと思う。

おさない私の瞼《まぶた》にやきついた、この、のどかで、どこかものがなしい風景が、ながい年月を経ても心を離れず、折にふれて、ありありと眼にうかぶのは不思議でならないが、これは、私の心が生まれて初めて出会った詩情というものだったのではないかと思う。（略）

——「好きな季節」『愛と哀しみのルフラン』講談社

解説

品の良い文章の見本のような、と表現したい、作詞家の岩谷時子さんの文章である。『愛と哀しみのルフラン』にある。

ちなみにルフランとは英語でいうリフレインのこと。繰り返しである。目についたところでは、この言葉、永井荷風が訳したヴェルレーヌの詩「ぴあの」に登場していた。

それはとにかく、どうしてこれが、品の良い文章なのか。

答えは簡単である。文章が短くまとめられ、点を多用しているからだ。

普通に文章を綴《つづ》るとき、点を意識して多く打つと、品の良い文章になる。

どうしてか。それは、読む相手に、よくわかってほしいという気持ちが、点によって表されるからである。

反対に、点が少なく、おまけに長い文章は、品が悪い。相手に理解してもらうことを考えず、自分の気持ちばかりを綴っているからである。

文章は、相手が読んでこそ文章である、という本質を忘れた文章は、品が悪いのだ。

本書にも登場するが、長くても、読みやすい文章、達意の文章は存在する。しかしそれを真似するより、短く書く練習をするほうが、達成率は高いのである。

相手が読みやすいようにと、人は点を打つ。自分だけがわかればいいのなら、点も丸もいらない。だらだら思いつくままに、勝手に書き続ければ良い。

例えば『源氏物語』は、そういう書き方である。『源氏物語』は古典であり、世界最古の長編小説、人類の遺産だが、一般の人々にとって参考になるような代物ではない。誰もが真似できるものではない。そして、それはそれで良いのだ。決してその価値を減じるものではない。千年前の文章と現代人のそれは位相が異なるからだ。

ところで岩谷時子さんの文章のさらなる美点は、平仮名を続けるときに、必ず点を打つこと。短くするために点を打つのと似ているが、ここでは平仮名に注目。

すなわち「西宮といっても（略）これはどこに住んでいたときのことか」と続けず「これは、どこに……」と点で一呼吸おいて記すことで、読み間違いや響きの濁る弊から免れている。これも、相手のことを慮《おもんぱか》っての配慮である。

品の良い文章を書くのは、だから技術的には決して難しいことではない。

それと強調したいのは、岩谷さんの比喩《ひゆ》の美しさ。

「生まれたばかりのように瑞々《みずみず》しい」であるとか「真昼の夢のように」といった、いくぶん乙女チックではあるが、端正な比喩が、大いに好ましい。

品の良い文章の見本のような、と評するのは以上の理由による。

ポイント

読む相手のことを考えて、点を意識的に打っていこう。

18 伊丹十三に、喋るように書く方法を学ぶ

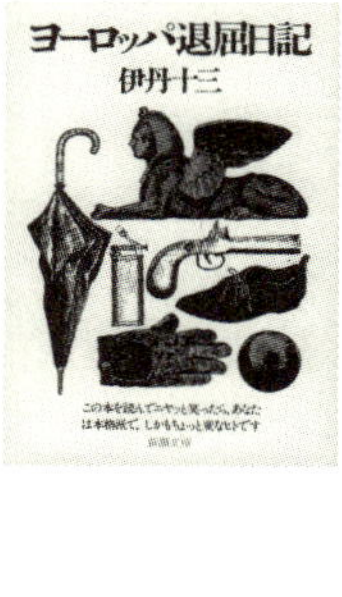

わたくしは、ドライヴァーとして発言するのだが、車というものは実におそろしいものだと自分自身思うのです。車が凶器だ、というのは全く本当だと思う。

たとえば、雨の夜道なんて、われわれはほとんど何も見えないで運転しているのです。前方から来る車のライトが、アスファルトの上に、光の縞《しま》模様を作っている、その上を時たま、かすかな黒い影がちょっとかすめたような気のすることがある。それが歩行者だったり、自転車だったりするのです。

反対側のトラックとすれ違う時なんか、ヘッド・ライトがちょうどこちらの目の高さを通過するから、ギラギラと輝きながら接近する二つの白い光源を除いて、世界は、一瞬全くの暗黒と化してしまう。

一瞬とはいっても、車はその間何十メートルも走っているでしょう。しかも、普通、ドライヴァーというものは、車とすれ違う時、本能的にそちらのほうを注意してしまうのです。道路の端の方の暗闇に目を凝《こ》らしたりはしない。よしんば目を凝らしたってなにも見えやしない。じゃあ

危険じゃないか、というのかね。非常に危険です。危険ならブレーキを踏めばいいじゃないか。ところが絶対に踏まないのです。何故《なぜ》かは知らない、ともかく、すれ違うたびにブレーキを踏むなんて見たことがないのです。

だから、その暗闇の瞬間、三人くらいの歩行者が肩を並べて歩いていたらどうなるか。運転者には全く見えないんだから、よけもしないではねとばされるよ。

明るいヘッド・ライトの中にいるから相手には見えているんだろうという考え方、見えれば当然スピードを落すだろうという考え方、これは、今すぐ、この場で改めてもらいたい。

よく夜のハイウェイなんかで、巻いた晒《さら》しを見せるためアロハ・シャツの前をはだけ、どういうわけか決ってゴム草履なんかはいた兄さんたちが五、六人、行き交う車を全く無視してゆっくり横断していることがある。

彼らにしてみれば、俺さまたちのお通りだという気分で、運転手が俺たちを見れば徐行するだろうと思っているのでしょう。しかもこれは、はたから見ればえらく危険なことのように見えるだろうという計算もあるのでしょう。

ところが冗談じゃない、これは本当に危険なことなのです。結果的にみて彼らは本当に命を賭《か》けているのです。自分たちで知らないだけだ。(略)

――「注意一瞬、怪我一生」『ヨーロッパ退屈日記』新潮文庫伊丹十三のエッセイはいくつかある。最良と思うのは、やはり最初の『ヨーロッパ退屈日記』と、二番目の『女たちよ！』である。日本のエッセイの方向を大きく変えた傑作たちと、断じてやまない。

ここでは『ヨーロッパ退屈日記』の「注意一瞬、怪我《けが》一生」から、自動車の運転について記している文章を取り上げた。

「車はその間何十メートルも走っているでしょう」と書くのが、伊丹十三である。目の前にいる相手に向かって語っているような口調である。「じゃあ危険じゃないか、というのかね」も、同じだ。親戚《しんせき》の叔父さんに文句を言われているような気分になる。そういえば「モノンクル」という個人雑誌を、こさえていたこともありましたね、伊丹十三は。文字通り「ボクの叔父さん」である。

段落のラストは「……なんて見たことがないのです」と締めくくられる。こういう具合に終わるのも相当ユニークで、童話にこういう丁寧口調があったような気もする。ご承知のように童話は小さな子に向かって語りかける調子が多いから、ついこう読んでしまうのは、そこからの連想であろう。といってもちろん伊丹十三は童話を書いているのではない。

だが、まるで目の前にいる相手に語りかけるように、もしくは酒場のカウンターで共に飲んでいる知り合いに喋《しゃべ》るように書くのは、やはりユニークである。こういう人はそれまで、いなかった。一九六〇年代の初め頃の話である。

「ところが冗談じゃない、これは本当に危険なことなのです」という最後の段落の始め方も、凄いですね。叔父さんの怒りみたいなものが伝わってくる。試しにこれを、

「ところが冗談ではなく、これは本当に危険なことなのである」

とすると、伊丹十三の内なる怒りみたいなものが、大いに薄められてしまう。講演会での、壇上からの言葉のように、拡散してしまう。

喋り口調であるが、決して適当に書いているのではなく、こういう一種の謙遜《けんそん》スタイルによって、相手の心が開かれ、容易にそれを摑《つか》むことができることを、伊丹十三は知っていたのだろう。後に、喋り言葉だけで一冊本をこさえてしまうのも、その意味で当然の帰結であった。『日本世間噺《ばなし》大系』。だが、これは成功したとは言えない。やはり、ちゃんとした地の文章があって、そこに喋り言葉を点在させる方が、行き方として正解だったのだ。

すなわち、薬味としての喋り口調は、適当に振りかけることで、その妙味を引き出すことができる。胡椒《こしょう》を一瓶すべて振りかけたような料理は、とても口にできる代物ではない。それと同じである。

ポイント
目の前に相手がいるような、喋り口調。時おり混ぜると、説得力が増す。

19 山口瞳に、短い文章のまとめ方を学ぶ

新入社員諸君！

私の経験で言えば、忠誠心や愛社精神を振り廻す男にロクな社員はいなかった。乱暴なようだけれど、まず会社主義を捨てろと言いたい。あいつはいつ会社をやめるのかとハラハラさせられるような男が結局は大きな仕事をしたものである。自由に働こう。それから、学校を出たら勉強は終りだと考える社員も駄目だった。社会こそ本当に身につく学問の

場なのである。会社主義から自由主義へ、学校主義から社会主義へ！　私が言いたいのはそれだ。もうひとつ。世の中には一宿一飯の恩義というものがある。三年間だけは黙って働け！　やり直しが利《き》くという若さの権利を行使するのは、義理を返してからにしてもらいたい。

――『君等の人生に乾盃だ！』講談社

解説

山口瞳の三十年前の文章である。

結論をまず書け、という見本のような書き出しだ。説得力がある。

「新入社員諸君！」は毎年四月一日に掲載された新聞広告。同時に「成人の日」――その頃は一月十五日と決められていた――に新たな成人式を迎えた若者向けにも、書いていた。「二十歳の君に乾杯」という調子で。

ここに掲げたのは、四月一日に入社した若者へのもの。ところがこの文章には、お酒についての文言が一行もない。酒造メーカーの広告なのに、である。当時ひじょうに評判になったものである。

サントリーの、一種の企業広告であるが、それを超えて、大人の代表が若い連中に訓をたれる格好の読物、として受け止められていた。

ところで、この傍点のまがまがしさは、どうだろう。

これは結局、読んでもらいたい一心の表れである。うるさいとか、反則すれすれの技法だが、とにかく諸君のためなのだ、という義侠心《ぎきょうしん》のようなものが伝わってくるから、受け容《い》れられる。

ただ、いまこれをやったら相当にクサイ。あざといと、非難されよう。このところが文章の面白さで、時代と即応していることが、必要なのである。時代はバブルの少し前で、世の中は大いに華やいでいた。

改行のない、ひと塊の文章である。だが、読みやすい。それは最初に結論を提示しているからで、読者は安心して文章を追うことができる。

文字の大きさも、特大である。だからパッと目に飛び込んでくる。

その上、紙面と文字のバランスは、葉書の文章などに近い。もしくは一枚だけ書かれた手紙の文章にも似ている。字が大きいのだ。字の大きいことで、その主張を前面に押し出している。これでもか、と。

文章は見た目も肝心だから、こうすることでとにかく、読み手の心を摑《つか》める。だが、何度も書くが、君たちのために衷心《ちゅうしん》から訴えているんだよ、というのがわかるので、嫌味ではない。

冒頭での、結論の提示、傍点の使用、文字の大きさ、そしてワン・ブロックであること。すべて入念に計算された文章だ。ワザである。

そういうわけで、葉書を書こうという時などに応用できそうである。ちまちま細かく書くより、要点・肝点だけを書くほうが、相手の心を摑めるのだ。

ポイント

短い文章は、ちまちま書くより、要点だけをきっちり伝えよう。

20 岡潔に、長い文章をさらりと書く方法を学ぶ

絵や小説は三高のころからやや鑑賞らしいものを始めたが、音楽に興味を持ったのは非常におそかった。フランスから帰った時、町に音楽が流れてないのがさびしいなとは思ったが、漠然とそう感じたというだけだった。

音楽を聞き始めたのは実は連句を作ってみようと思いたったときで、寺田寅彦《とらひこ》先生が西洋音楽になぞらえて連句を説明しているのを読み、西洋音楽がわからなければ連句もわからないと思ったわけである。それで伊東の中谷宇吉郎《うきちろう》さんの家でレコードを聞くのから始めたが、好都合なことに中谷さんも音楽のことを知らず、奥さんの解説入りでこれがアダージオだな、これがスケルツォだなとうなずき合いながら耳を傾けたものだ。

そんな程度だから音楽については全く自信がなかったのだが、いつだったか女子大付属高校の先生で音楽家である前田先生の所に遊びに行き、いろいろ話しているうちにモーツァルトとショパンの比較になった。そこで私は「批評家はモーツァルトは時間的でショパンは空間的だというが、そんなはずはない。その反対だということが聞いてみればわかる」といったところ、前田先

生も大変喜んで「実は自分もそう思っていたのだが、批評家のいうのと反対なのでおかしいと考えていた」といわれ、いっそう話がはずんで最後にはお礼だといってウィスキーをいただいて帰った。これで自分の鑑賞はまんざらでたらめでもないのだと、かろうじて自信を持ったことであった。

どの曲がだれのものだとか、そんな知識は全然ないが、ともかく音楽を聞くのは好きである。数学と音楽が特に縁が深いというのも一般にいわれていることである。道元禅師は「はじめ身心を挙《こ》して色《しき》を看取し、身心を挙して音を聴取せよ」といっているが、それがすんだらこんどは「身心を挙して色を聴取し、身心を挙して音を看取せよ」といっている。芸術の鑑賞はやはりこれが本当なのではなかろうか。それからみると一般に考えられている芸術鑑賞というものは、すべて芸術を浅く見すぎているのではないかと思う。（略）

――「音楽のこと」『春宵十話』光文社文庫

解説

日本の生んだ大数学者で文化勲章受章者の岡潔《きよし》。二十世紀初めに生まれ、長く奈良女子大で教鞭《きょうべん》を取った。ここに紹介するのは『春宵十話《しゅんしょうじゅうわ》』と題された随想集の文章。

文章は見た目である、という持論を以《も》って評するなら、ここに紹介する文章は見た目が実に涼やかである。手のひらから清水がこぼれていくような爽《さわ》やかさと、名状しがたいなごみの感覚が、ここにはある。

それはまず、漢字の使用が控えられているからだ。必要最低限度は使われている。だが「いう」とか「みる」そして「こんど」といった言葉を平仮名で記すことで、全体がふんわりと軽やかなものになるのだ。

そうは言っても「見すぎて」という表記も後段にはあるから、安心できない。だがこういう点こそ、天衣無縫《てんいむほう》と断じる所以《ゆえん》で、なかなかこうは書けないものである。不統一ではないかと、直してしまうのが普通だからだ。だから、プロには書けない文章と言える。一般論として、間が抜けて見えない程度に、漢字を平仮名に開いて書くことは、文章の品を良くすることにつながるのですね。

またここでは、アダージオとかスケルツォといったカタカナも登場する。たゆとうような岡先生の文章には、こういう言葉も、どこか浮世離れして見える。

とにかく、文章の見た目が、サラサラと、余白の生かされたものであるとき、読む人はそこに一種の安らぎを感じるのだ。このことを知っておきたい。そして、そうであると、ここが不思議なのだが、長いセンテンスでも気にならなくなる。

実際、岡先生の文章は長い。それでもさらっと、読めてしまう。長い文章であっても読み手の理解を妨げないことがある、ということを、ここから読み取ってもらいたい。

「音楽を聞き始めたのは（略）思ったわけである。それで（略）耳を傾けたものだ」

五行に及ぶ段落が、たった二つの文章で出来上がっている。これは、短く書けというルールに真っ向から反する。しかしこの文章、決して難解ではない。読んですぐ理解できる。

それはこれが、映画の技法でいう「長回し」になっているからだ。「長回し」とはカメラを据えて、じっと演技を撮影し続けること。観客はじっくりと俳優の所作を眺めることになる。

当然ながら俳優の演技が問われる。だがカメラを動かさないことで安定と奥行き、さらには味わいが生まれる。岡潔の文章に漂う味わいも、これと同種なのだ。

岡潔の文章によって、我々は典雅な文章というものがこの世にあること、それは短く書く配慮を見せなくても充分に理解が届くこと、を知る。

ポイント

文章は見た目が大事。
そうすれば、長い文章もさらりと読める。

21 岸恵子に、ドラマチックに書く方法を学ぶ

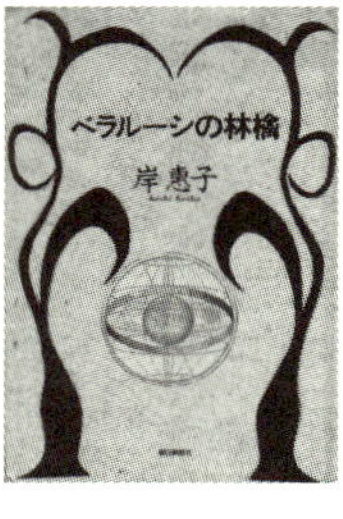

私がシャンゼリゼ大通りに近い高級靴店の女主人の眼に、東京で特注した、品質もかたちもあまりエレガントとは言えない貧相な靴をさらしたその日、私には二人の連れがあった。一人は私と同年の、小粋《こいき》でちょっと蓮《はす》っ葉《ぱ》なパリジェンヌ、テレーズ。もう一人は夫の親友の奥さまで、三十二、三歳になる知的で上品なニコール・Bだった。

（略）うつくしい靴の中で、私の足がかかとに四、五センチのすき間を残して泳いでいるのをみた厚化粧のオーナーは、大きな溜息《ためいき》をついて顔をしかめた。

「うちはね、子供の靴はやってないのよ」

そして沽券《こけん》に関わるとでもいうように、にべもなく言い捨てた。

「木型を作るといっても格好物ですからね。フン、可哀相《かわいそう》に。パリ中捜してもそんな小っちゃな足にあう靴はありませんよ。子供専門店にでも行くか、それより、いっそ植民地にでも帰った方が早いんじゃないの」

「植民地？」

私は間の抜けた声で大まじめに反問した。

私は植民地《コロニー》という言葉にも、故なき憎悪にも慣れてはいなかった。

私は度を失って一瞬呆然《ぼうぜん》とした。

「ケイコ、出ましょう。靴屋さんはたくさんあるわ」

とニコールが言った。静かでひどく典雅に、その声は響いた。さざ波のように爽《さわ》やかなニコールの笑顔をみても、私の躰《からだ》は棒のように硬直して動けなかった。その私の腕をとってドアまで歩いたテレーズが、くるりと店内の女主人に向き直った。

「ご安心遊ばせ。二度とこんな店には来ないわ。パリ中の友だちにもおふれを出すわ」

ドアを開け、そして閉める瞬間、テレーズの声はきらきらと一オクターブ跳びはねた。

「ケル・サル・ジュイーヴ！（なによッ、汚いユダヤ人！）」

外は陽炎《かげろう》の舞う初夏であった。その陽炎の中でニコールがふと立ち止まった。

「ちなみに……私もイスラエル人なの」

「オー・ノン、オーララァ、ノン」

テレーズは耳まで赤くなって慌てふためいた。

「パルドネ・モア。なんてはしたないことを言ったんでしょう。ごめんなさい。彼女があんまり憎らしかったから。つい……。許して下さいね。悪気はないんです」（略）

——「ユダヤとの出遭い」『ベラルーシの林檎』朝日新聞社

ドラマチックに書く方法。ここでは女優の岸恵子がフランスに渡った始めの頃のエピソードを書いている。『ベラルーシの林檎《りんご》』だ。

「君の名は」の岸恵子である。古い人だ。昭和八年生まれ。フランス人の映画監督と結婚し、そのために渡仏、そして破れ、以後再び女優を始める。

実にもう大変にドラマチックな人生である。ここでも、その一コマを淡々と綴《つづ》る。岸恵子の筆致は、まるで映画のカット割りのようだ。若手（という年齢ではないが、岸恵子と比べれば）の檀ふみのところでも記したが、女優さんは、こういうカット割りのような、つまり人物の一人ひとりを映像的に描き分けることが巧みである。正確には、そういう人が少数だが、いる、と書くべきだろうが。

だがここで檀ふみと決定的に異なるのは、会話の間に挟まれた情景の描写である。陽炎《かげろう》の舞う初夏。そして三人の女性の各人のキャラの違い。いずれも充分に個性を発揮している。すなわち、小粋なパリジェンヌ、蓮《はす》っ葉《ぱ》だが純粋なフランス人だ。続いて、知的で上品なユダヤ系の女性（かのドレフュス事件のドレフュスの末裔《まつえい》だという）。そして日本から来た映画女優岸恵子。三者の描き方が多分に映画的であり、それをまとめる岸恵子の筆致も大いに映画的。やはりイブ・シャンピ監督夫人として過ごした時間によるものだろうか。それはわからぬが、見事に映画的なドラマ性を発揮して書いている。

とにかく、三人の女性が靴屋を出るところからして、見事。――靴屋に捨てゼリフを残す女性のアップ、再び三人の姿を見せて、今度は店の外の情景、そこから急に中の一人にぐっと寄り「私も……」と言わせる。――驚くほかの二人、という具合である。

それを的確な文章で書き、そして読み手は、あの美貌《びぼう》を思い浮かべて読む、という寸法。

こういう文章は、普通の女性には、書きにくいのではないか。ややこしい映画のカット割りを自分で体験していないと、カメラの切りかえしがどのように行われるかなんて、想像がつかないだろう。そのたびに、ウンザリするような照明のセッティングの手間と、カメラ位置の決定に至る吟味が必要なことを、普通の職業の人で、知るのは僅《わず》かであろう。

逆に言うなら、こういう場面設定で、どうやって会話を運んでいくかを学ぶには、映画をじっくり、そういう観点から見る、という手があることになる。そう、自分が監督やカメラマンになったつもりで、文章を運んでいく。それがドラマチックに近づく便法だ。

で、これは結局シナリオライターの作業に近似していることに気づく。ということはつまり、文章の上手な女優さんはシナリオライターの手法を盗んでいる、ということなのだ。

だってしょっちゅうシナリオを読まされているのだから、これは当然だろうな。

ポイント

会話の間に挟む情景描写。

映画のカット割りに学ぶことは多い。

22 隆慶一郎に、（ ）の使い方を学ぶ

山谷堀の冷い水で、顔を洗い、足を洗い、衣服に滲《し》みこんだ道中の土埃《つちぼこり》を払いながら、誠一郎は当惑していた。八方から殺気がとんで来る。それも、江戸の町中で感じられた、漠然《ばくぜん》たる殺気ではない。確たる目標を持った、刺すような殺気である。目標は誠一郎だ。だが誠一郎には、なんの覚えもない。

（何故《なぜ》だ。何がいけなかったんだ）

自分が口にしたことは、吉原五丁町が行先であること。庄司甚右衛門に用があること。その二つだけだ。庄司甚右衛門？　その名前が、これほどの殺気を呼びおこしたのだろうか。庄司甚右衛門は、多くの男たちの怨《うら》みを買っているのか。そうは思えなかった。西田屋を教えてくれた男の、うやうやしいといえるほど、丁重な言葉づかいを、誠一郎は思い出している。

（分らない）

誠一郎は、首を振り、夥《おびただ》しい殺気と視線を背にうけながら、土堤《どて》を進んだ。相変らず弱法師《よろぼし》の歩みである。

背後に、馬蹄《ばてい》の音をきいた。馬子《まご》にくつわをとられた見事な白馬が、誠一郎を追い抜いてゆく。馬上には、鼻の大きな、壮年の武士。大身《たいしん》の旗本か、大大名の江戸留守居役か、立派な身ごしらえである。

ピュッ。

追い抜きざまに、その武士が、馬上から抜討った。殺気はない。乱暴な話だが、これはただの冗談なのである。誠一郎は、眉《まゆ》も動かさなかった。（略）

——『吉原御免状』新潮文庫

解説

（　）に注目されたい。ここでは主人公松永誠一郎の内面の呟《つぶや》きが、（　）に包んで表されている。

隆慶一郎は小林秀雄に師事し、中央大学でしばらく教鞭《きょうべん》をとった後、シナリオ・ライターとして活躍、いくつかの名作話題作を送り出し、その後改めて作家に転身、数々の傑作を残して早世した。

その作法の秘密を解くキーワードは小林秀雄、大学の先生、そしてシナリオ・ライターとしての活躍だ。

隆慶一郎の紡《つむ》ぎだす物語には必ず描かれる、体制側に相克する反骨と、人に対する熱い思い。それを押し付けではなく、ごく自然に物語に溶け込ませる技量。そしてシナリオ・ライターならではの場面作りの見事さと、台詞《せりふ》の巧みさ、などである。すべて、隆慶一郎のそれまでのキャリアの反映に他ならない。

そういうわけで、ここでの（　）も、いかにも隆慶一郎ならでは。

彼の流儀は、呟きを地の文にあっさりと組み込むのではなく、わざわざ（　）で、くくってしまう。

映像で言うなら、主人公がいぶかっている表情に、オフつまり場面の外から、内面の言葉として聞こえてくる、という手法である。

（　）は面白い働きをする存在で、小説で、人物の表情とは裏腹の気持ちを表す場合、（　）に包んで表現する。（そうではないんだな）というように。

さらには、この場合のように、客観性の抽出も可能である。

（　）にくるむことにより、画面の外からの語りのように響く。その結果、本人ではなく、見ている側の視線になる。そこに一種の距離感が生まれる。つまり画面に奥行きが生じるのだ。

映像なら見る側、物語なら読む側に立って、呟きが聞こえてくる。だから台詞が際立つ。（　）を外して、文中に入れ込んでしまうと、インパクトが薄れることに気づくだろう。

こういう作法を、本名の池田一朗の時代に、シナリオ・ライターとして会得したのである。カメラマンの視線でも、監督の視線でもない、シナリオ・ライターの視線。すなわち物語を提示する側の視線が、独自な機能をすることを学び取ったのだ。

そして、思いを強めたり、弱めたり、読者に委《ゆだ》ねたりと、（　）にはこれで結構多様な働きがあるのだと。

普通の文章でも、（　）に包むことで、物言いの強さを加減できると、覚えておく。

ポイント

内面の呟きを（　）にくるんでしまう。
視線が変わって独特の効果が得られるはずだ。

23 庄野潤三に、「 」の使い方を学ぶ

　大浦はここへ移って来るまでは、蛇は決して好きではなかった。よく男の子で平気で青大将を手にぶら下げたりする子がいるが、彼はそんな真似は出来なかった。特に憎むということもないかわり、なるべくなら見ないでおきたいと思っている動物であった。多分、それは蛇に対して世間の人が普通に抱いている好悪の感情からかけ離れたものではなかったであろう。

　ところが、この丘陵に住むようになってから、大浦の気持は変った。引越して来たのが四月の初めであったから、大浦の一家は「まん中の道」や「中学の道」の途中で蛇に何匹も出会うことから先ずここの生活に馴《な》れて行った。最初のうちは、不意に眼の前の草から大きい蛇が出て来るのを見ると、思わず立ちすくんだものであった。

　だが、この丘陵にいる蛇は（マムシだけは別にして）、みな人ずれのしていない、おとなしい蛇であった。いちばん多く見かけるのはヤマカガシで、青大将と地ムグリは少ないことも分った。この山カガシは、道で出会うと、

「お邪魔しました」

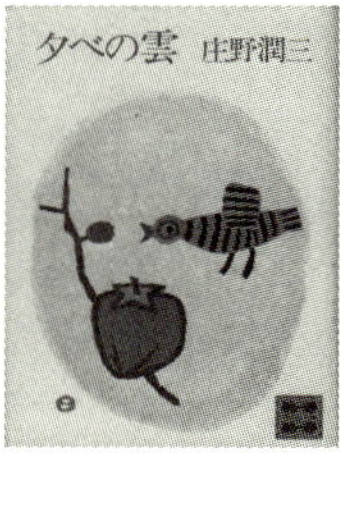

というように、ゆっくり傍の草叢《くさむら》に入って行く。

街にいる人間の中には、人に突き当っても平気な顔をしている者が多い。いや、それがもう今では当り前になっている。「御免なさい」というような人に会うと、かえってこちらが面喰《めんくら》うほどの世の中になった。それにくらべると、この丘の山カガシは、礼儀を心得ている。教育も何も受けていないが、たしなみがある。謙虚な心を持っている。その証拠にいつでも彼等の方から先に道を譲るのであった。

大浦はだんだんこの丘の山カガシに親しみを持つようになった。歩いている時にそばの草が不意に動く音がしても、立ちすくまなくなった。

「そうか。そこにいたのか。驚かすつもりはなかったんだ」

と、声をかけたい気持がするようになった。彼等は（山カガシだけでなく、青大将にしても地ムグリにしても）、人にいじめられていなかった。それで、おっとりしているのだった。（略）

ある日、大浦が甕《かめ》を水で洗おうと思って、動かしてみると、坐りがいいようにと少しだけ地面を掘ってあった、その窪《くぼ》みの中に小蛇が一匹、入っていた。

「そこはちょっと困るなあ」

と大浦がいうと、その小蛇は「そう来ると思っていた」という風に這い出して、庭の外れの笹の茂みの中へ姿を隠した。（略）

——『夕べの雲』講談社文庫

解説

ここでは、庄野潤三の『夕べの雲』から「松のたんこぶ」の文章を引用し、「　」の使い方の別の面を紹介する。気づくのは、

「お邪魔しました」とか、

「そうか。そこにいたのか。驚かすつもりはなかったんだ」

といった喋《しゃべ》り言葉が、いわゆる会話の文章としてではなく、書き手の内面で響いているものになっていることで、これは面白いですね。

普通であれば単純に会話スタイルにしてしまい、受け手とのやり取りが描かれるはずである。

ところがここでは実際には相手は声を上げていない。なにしろ蛇なのだから。あくまで書き手が、おそらくそうであろう、という立場で書いている。

庄野潤三の作風である「のんびり」と「おっとりした」面が、こういう「準」会話とも言うべき語り口を作ったのであろう。

実生活でも、このような相手の言葉を、さも実際に言ったように内面に感じることはある。先取りでもないし、創作でもなく、単に、きっとそう言うだろうと想像して、書くのである。こういうのに出会うと「　」は面白い働きをすると、そう思ってしまうのである。

それは、もしこれを地の文に溶け込ませてしまい、「　」を使わなかったら、ニュアン

スが微妙に違ってくるからで、高級といえば、これは結構高級である。

文章中の「　」や（　）については三谷幸喜や隆慶一郎の用例などでも取り上げた。普通の会話に「　」を使うのは改めて言うまでもないだろうが、（　）で内心の呟きのようなものを表現するのだということを説いた。

ところがこの庄野の場合は、そのどれともまた違っており、なるほどそうなの、と思ってしまう。彼の「のんびり」と「おっとり」の性向を表す使い方であり、作者の個性に昇華しているものと受け取れると解釈したが、これだって、使い方では普通の人にも参考になるだろう。

最後にでてくる「そう来ると思っていた」というのも、普通なら（　）に入れてしまいそうである。

文章を吟味し、「　」や（　）さえ揺るがせにしないで、その用法を深く考えると、こういうやり方もあると、そう気づかせてくれる。

文章におけるニュアンスの表出は単に言葉や表現だけでなく、このようにカッコ一つにおいても可能だ、ということを覚えておきたい。

ポイント

「　」は会話だけに使うとは限らない。想像される相手の言葉、など応用が効く記号なのだ。

24 小林信彦に、――の使い方を学ぶ

その意味で、「宝石」創刊号から連載が始まった横溝正史の「本陣殺人事件」は画期的であった。謎《なぞ》とき小説は、密室で始まり、密室で終る、といわれるが、「本陣殺人事件」は、密室殺人を中心に置いた〈謎と論理の小説〉であった。毎月、雑誌が出るのが待ち遠しく、最終回は疎開先から帰京した時に読んだ。金田一探偵によって明かされる事件の真相は、探偵小説を読み始めて一年にもならないぼくにとっては、非常にショッキングであった。ぼくが探偵小説好きになったのは――野村胡堂《こどう》の少年物という下地があったにせよ――「本陣殺人事件」がきっかけである。

連載が終ると、すぐに、江戸川乱歩の「『本陣殺人事件』を評す」が「宝石」にのった。この批評は、「本陣殺人事件」にささげられたこの上ない花束であると同時に、戦後の日本の推理小説の方向を決めた重要な一石であった。

……これは戦後最初の推理長篇小説というだけでなく、横溝君としても処女作以来はじめて

の純推理ものであり、又日本探偵小説界でも二、三の例外的作品を除いて、ほとんど最初の英米風論理小説であり、傑作か否かはしばらく別とするも、そういう意味で大いに問題とすべき画期的作品である。

右のような前置きで始まる乱歩の批評は、推理小説評の王道を行くものであった。

それから二十八年後の一九七五年に、ぼくは横溝氏と長い対談をおこなったが、当然、この批評の話が出た。氏は、こう語っている。

「乱歩（は）、あれ（を）発表する前に送ってくれましたよ、原稿を。『こういうものを書くんだが』って。もう、ぼくは異議はないわね」

活字になったものでは、このあとの一行が削られていた。それは、次のようなものであった。

——ぼくは、短刀を送りつけられたように感じて、ぞっとしたよ。（略）

——『小説世界のロビンソン』新潮社

ここで何を指摘したいかというと「――」の存在である。「行変え」や「……」と同類の文章作法であるが、「――」には、一種の「タメ」の気持ちが漂い、そこに独特のニュアンスが生まれるのだ。

試しに、この小林信彦の『小説世界のロビンソン』の第八章「〈探偵小説〉から〈推理小説〉へ」にある「――」を「行変え」にしたり、「……」と変えてみたら、そのニュアンスの差に、いささか驚くだろう。「――」も馬鹿にはできない存在なのだ。

さらに小林はトンガリ・カッコの〈 〉を使って〈謎と論理の小説〉と、している。入稿時に細かい指示が出されたのであろう、「 」でも（ ）でもなく〈 〉であるのは、面白いというか、文字や文章というものに、こだわり続ける人らしい、と思う。

そもそも『小説世界のロビンソン』自体が、こだわりの、そして当時はまだまだ異端な発想の集積であり、〈本当の小説とはどのようなものかを考えてみる〉という小説論なのであった。そこにあるのは、これまで日本で小説とされてきたものは、本来の小説の姿からすると、いささか機軸がズレていたのではないか、という大胆な告発であり、それをエンターテインメント・タッチで、語ったものだった。

そういう作者だから、「――」も〈 〉も、充分に意識して使われていることは、これはもう当たり前なのである。

「――野村胡堂《こどう》の少年物という下地があったにせよ――『本陣殺人事件』がきっかけである」

これを、「――」を抜いて点にしてしまうと、「本陣殺人事件」が軽くなってしまうことに気づく。スルッと滑ってしまう。小林の「本陣殺人事件」に対する思いが、薄れてしまう。それに気づいてほしい。

後段の「それは、次のようなものであった。――ぼくは、短刀を送りつけられたように感じて、ぞっとしたよ」も同様である。

かつて徳川夢声という人物がいて、吉川英治の『宮本武蔵』の朗読（ラジオの時代である）で一世を風靡《ふうび》した。その夢声の売り物だったのが「間《ま》」で、この老人は重要な部分に差しかかると一瞬「――」と、間を挟んだのである。聴き手はこれで、次の言葉への期待感をいやが上にも掻《か》き立てられ、固唾《かたず》を呑《の》んだのである。

小林信彦の使用する「――」には、その「間」に通じるものを感じる。

――これを、強調と間の「――」と覚えておく。話をするときに、大切な事柄の前で一拍置いて息を飲み込むように、重要なことを提示する際には、その前に「――」を置き、期待感を高めるのだ。

ポイント

人は何かを強調するとき、間をとる。
文章でその役割を果たすのが「――」だ。

25 小沢昭一に、カタカナの使い方を学ぶ

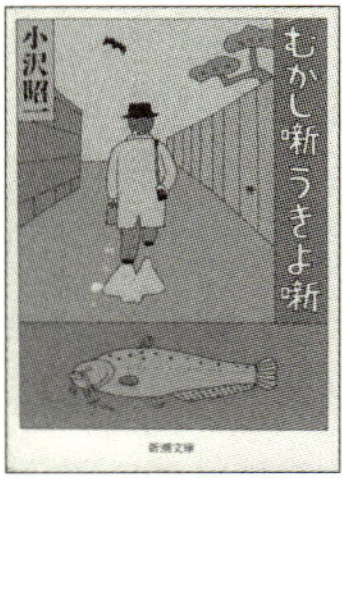

字が下手なので、ワープロは有難いという方がいらっしゃるんですって？　私、字は上手じゃありませんが、恥ずかしいと思ったことはあまりありません。というのも、字の下手な人のなかに、けっこう上等な人物が多いなんて思っているからです。ハイ、そう決めつけているのは、友達で、字の下手なのが、みんないい奴《やつ》だからですね。

女性は逆です。字の上手《うま》いのはきっとイイ女。イイって、何処《どこ》がイイのか。ま、いろいろイイのです。ハイハイ、例外も多いのですが、そういう目安で、長年人を見て、当らずといえども遠からずです。

文学者でも、悪筆の方、多いですね。ドベタの人も沢山知っています。字を書くのがショウバイですから、書き慣れてはいるんですが、これが下手どころか読めもしません。その作家の華麗なる文学的世界も、その字を見たら一ぺんで醒《さ》めてしまいますよ。

ところで、久保田万太郎先生の俳句には、ひごろから「ウメェもんだなア」と感心しきりです。浅草の観音さま隣の浅草神社境内に碑が建っている「竹馬やいろはにほへとちりぢりに」な

んていう句は、俳句のなかの俳句と、私などは仰いでおりますが、その碑の自筆の文字は、まぁ下手というか、もう、小っちゃく、コチョコチョと書いてあって、なんともはやナサケナイ字です。

すぐその脇《わき》に並んでいる碑は、吉原の遊女で、文化年間、角町《すみちょう》の松葉屋でならした粧太夫《よそおいだゆう》の筆蹟《ひっせき》で、柿本人麻呂《かきのもとのひとまろ》の歌を、実に堂々たる筆さばきで残しております。諸道に通じた名花魁《おいらん》だったようですね。今も昔も、フーゾク関係には中々のおネエさんがいらっしゃるようです。

この墨痕《ぼっこん》あざやかなる碑と並んでいるので、万太郎先生の字がどうにもナサケナイ。浅草の、先生の生家跡に建っている碑の「ふるさとの月のつゆけさ仰ぎけり」なんていう自筆は、碑がバカでかいだけにもっとナサケナイのですよ。（略）

――「字」『むかし噺うきよ噺』新潮文庫

解説

ここで面白いのは、作家であり劇作家としても名高い久保田万太郎の字が「ナサケナイ」ものだったというところ。

紹介するのは小沢昭一の『むかし噺《ばなし》うきよ噺』から。

小沢昭一の文章の特徴は、このカタカナの自在な使い方。「ナサケナイ」が代表的だ。ひじょうに胡散《うさん》臭い文章になる。

だがカタカナでしか表現できない世界が、人の世、世間の暮らしには、存在するのも確かなのだ。

この「ナサケナイ」とか、例えば「イケナイ」といった否定的な表現がそれ。カタカナにすることで、ふくらみというか、ニュアンスが生まれるのである。

ここで「情けない」と書くと、本当に情けなく、しかも旧式の気分が漂う。不始末をして、情けない、という具合。腹でも切りそうである。

ところが「ナサケナイ」と記すと、ユーモアというか、ま、そう深刻ぶらないで、たかがこんなこと、といった風情が生まれるのだ。不思議である。

さらには「イケナイ」も、良くないとか、悪いという単純な否定ではない、別種の「いけなさ」が漂うから面白い。

骨董《こっとう》などで、ニセモノを「イケナイ」と表現するが、駄目とか、偽物、悪いもの、と決めつけるのではなく「イケナイ」と優しく呼ぶことで、どこかに救いが生まれる。どうせ、真贋《しんがん》なんて紙一重なんだからさ、という居直りも、そこには感じ取れる。

第二段落の「イイ女」にも、それは言える。ここでは性的な意味を匂《にお》わせているのだが「いい女」では、一向にそういう気分は感じない。ところがこれを「イイ女」とカタカナにすることで、なんだか淫靡《いんび》な心持になるのだから、大したものである。

久保田万太郎の俳句に対する「ウメェもんだなァ」という小沢昭一の感心の言葉も、単純に「上手である」と誉《ほ》めるのではなく、どこかにちらりと揶揄《やゆ》を感じてしまう。揶揄つまりケチを付ける感じは、江戸っ子ならではの、一種の気恥ずかしさの裏返しである。だがこういうニュアンスも、説明すると、それこそ気恥ずかしくなる。

つまりは手放しではない、ということだろうか。どこかにアマノジャクの部分が、江戸者にはあるのかもしれぬ。で、そういう僅《わず》かにきしむ心持を表すとき、カタカナは見事にその任を果たすのである。

他にも「ショウバイ」がそうだ。一部上場企業を指すのに「ショウバイ」は相応《ふさわ》しくない。しかし、どこかインチキくさい職業だと、それが使える。そう、俳優のような。

ポイント

一味ちがうニュアンスを出すには、言葉をカタカナにしてみよう。

26 立川談春に、小文字の使い方を学ぶ

高校に入ってから談志の追っかけをはじめる。根多はいつも漫談だったが必ず爆笑をとった。鋭くて、新しくて、危なくて、激しい漫談を数多く聴くうちに、なんでこの人は世の中から叩《たた》かれないのか、不思議に思った。絶好調のたけしでさえ、「赤信号みんなで渡れば怖くない」や「寝る前に皆で絞めよう親の首」で、世間の物議をかもしているのに、更に危険な放送禁止用語の飛び交う談志の漫談はフリーパス、むしろ談志の云《い》うことに腹を立てる方が野暮、みたいな空気が客席にいつも漂っていた。

「古典落語はどう演じても現代に合わん。〝伝統を現代に〟をスローガンに落語を語り成果も感じてきたが、これからの時代は違う。伝統は伝統、現代は現代だ。落語家は現代を語らにゃいかんのです。俺様は若い漫才師達と現代で勝負しても負けんのです」

と締めて舞台を降りる談志の背中に向かって、今日も落語を演《や》らねェのかというため息が必ず客席からもれた。入場料を払って聴きに来ている観客の期待を裏切るなんて変な人だなァと感じた。ただし、談志の舞台は、談志一色に染め抜かれて観客の入り込む余地がないようにも思え

た。他の芸人は、観客の反応でテンションの上がり下がりがあるように見えたが、談志は、談志のテンションを客が受け止めて反応してゆく。それが見ていてとても面白かった。

もう一人、談志と同じように舞台上を自分一色に染めてしまう芸人が古今亭《ここんてい》志《し》ん朝《ちょう》だった。志ん朝の出囃子《でばやし》が鳴った途端客席の空気がガラッと変わる。志ん朝の出から一挙手一投足《いっきょしゅいっとうそく》まで見逃すまいと観客全員が集中する。そんな気を受け止めるでなく、受け流すわけでもなく志ん朝が落語を語る。きれいで華やかで、明るくて面白い。ウットリしながらため息をついて、「やっぱり志ん朝はいいねェ」という空気が会場全体に流れてゆく。談志と志ん朝は好対照だったが、特に面白かったのは観客の緊張度で、談志の出囃子が鳴るとみんな息を呑《の》む、談志が引っ込むと全員が息を吐く。志ん朝のように途中でブレスするスキを与えない。

子供心にも談志、志ん朝の二人は他の芸人とはモノが違うことはわかった。（略）

――『赤めだか』扶桑社

この二、三年で一番面白かったのが立川談春の『赤めだか』である。

一人の少年の落語家になる過程を綴《つづ》ったものであるが、一方で落語論になっており、同時に、師匠の立川談志の人となりを的確に、そしてユーモラスに描いた「談志論」にも昇華している。

どうして面白く、かつ読みやすかったのかと考えると、例えば「今日も落語を演《や》らねェのか」とか「観客の期待を裏切るなんて変な人だなァ」という表記が大きく関わっていることに気づいた。「やっぱり志ん朝はいいねェ」とかもある。

読みやすいのは、このような小文字のアイウエオの使い方によるもので、こうするとまるで話を聞いているように読めるのだ。

落語をそのまま活字にした「落語全集」などにはしばしば見られる手法だが、普通の単行本でも、これをやられると、いつの間にか話に引き込まれてしまうのである（もちろん、そこには隠されたワザがあるのだが）。

文章において、勢いとかテンションを生む手法やテクニックは数多くある。読み手を引きつけるため、書き手は様々な手を使う。

どうやら立川談春は、落語修業の中で、それを身につけたらしい。「ガラッと変わる」とか「ウットリしながら」、「他の芸人とはモノが違う」というカタカナの使い方も、ごく自然に会得したのであろう。きちんとした文章修業をしなくても、これだけのものが書けるというのは凄いことである。

そもそも日本の口語の文学（文語に対しての）の母体には、落語があるとされる。二十世紀初頭つまり約百年ほど前に、ようやく完成を見る今日の日本文学の文章作法の骨子は、落語（江戸前の）を手本にした部分があるのだ。夏目漱石は明治時代に活躍した三遊亭円朝や三代目柳家小さん（我々の知っているのは四代目）を、大いに贔屓《ひいき》にしたことで知られる。漱石の文章には、それらの落語家の口調が溶け込んでいるというのは今日では常識だ。

例えば『坊っちゃん』には「いやにひねっこびた、植木鉢《うえきばち》の楓《かえで》みたいな小人《しょうじん》」などという落語家が用いそうな比喩《ひゆ》がある。こういう比喩を文中に使うのは大いに新しかったのだ。その意味で、談春の『赤めだか』で駆使される落語的な語り口は、先祖がえりしたものと言えるのかもしれない。

話すように書く、それも江戸から明治と連なる遠い昔の江戸前口調を駆使した文章は、だから時にモダンに、そして説得力を持って響くのであろう。

ポイント

小文字のアイウエオ。

意識して使うと、意外な面白さがある。

27 吉本ばななに、数字の使い方を学ぶ

私と母は、つぐみの家である山本屋旅館の離れに2人で住んでいた。

私の父親は東京で、長く別居していた妻との離婚を成立させて私の母と正式に結婚するために苦労していた。そんなわけで、あっちこっちをやたら行ったり来たりして大変そうに見えたが、本人同士は晴れて家族3人東京で暮らせる日を夢見て、結構楽しそうだった。だから私は、見かけは多少複雑でも、愛し合う夫婦の平和なひとり娘として育ったのだ。

山本家は母の妹である政子おばさんの嫁ぎ先で、母は旅館の厨房《ちゅうぼう》を手伝って暮らしていた。家族構成は旅館を経営する正おじさんと、政子おばさん、そして2人の娘であるつぐみと、その姉の陽子ちゃんの4人であった。

つぐみのものすごい人柄の被害を受けた人ベスト3は、政子おばさん、陽子ちゃん、私の順と思われる。正おじさんはあまりつぐみに近寄らなかった。それにしても私がここに名を連ねるのはおこがましい。上位2名はつぐみを育てながら、天使様の境地に入ってしまうほどにやさしくなってしまったのだから。

年のことを言っておくと、陽子ちゃんが私より、私がつぐみより、ひとつ上だ。でも私はつぐみが年下だなんて、いちども感じたことはない。彼女は子供の頃から何も変わらず悪質に成長したように思う。

具合が悪くて床に着くことが多くなると、つぐみの狂暴さはひとしおすごくなった。つぐみは静養のために旅館の3階にある小ぎれいな2人部屋を自分の個室として与えられていた。彼女の部屋はいちばんながめがよく、窓から海が見える。昼は陽にきらめき、雨の日は荒くかすんで、夜にはいかつり船の明かりがいくつも光る美しい海だ。（略）

——『ＴＵＧＵＭＩつぐみ』中公文庫

解説

数字の表記は厄介《やっかい》である。

難しい、というのではなく、厄介。すなわち、どの場合は算用数字で、どの時は漢数字であればいいのか、判断に迷うことがあるからだ。

基本的には、縦書きは漢数字、横書きは算用数字でも可、ということになっている。可、と断じるのは、日本語の文章に算用数字は馴染《なじ》まない、とされているからである。馴染まない、と言われても、現下の日本語の状況では、限りなく馴染む境界線に達している。それが現状で、普通の人は、まず間違いなく算用数字を使ってしまう。日常生活が、ほぼそうなっているからだ。

ここに掲げた吉本ばななの文章は『TUGUMIつぐみ』からのもの。

そもそも、ばなな、という名前からしてこれまでの日本語の常識から外れている。そういうキャラクターだもの、縦書きでも平気で算用数字を使用するくらい何でもない、という感じである。人々の生活に、漢数字が居場所をなくしていく状況を踏まえた、これはまさに時代を体現したネーミングなのだ。

ここにある文章の数字を漢数字に置き換えてみると、少なからず印象が変わる。実際にやってみたら、わかるはずだ。

「つぐみのものすごい人柄の被害を受けた人ベスト3」を「ベスト三」と書くと、何か別の意味合いを生じてしまう。ここはやはり「ベスト3」だろう。数字といえども、なかなかに馬鹿にできない表現効果があることに気づく。

「上位二名」と書くと、昔の小学校の木製の机を想起する。これが「上位2名」だと、スチールとパイプの現在の教室机に、なってしまうのである。で、どちらも許容範囲であろう。線をどこで引くかだが、明確な基準はない。

古い連中は、縦書きのセオリーを唱えるだろうし、それでは「ベスト三」が良いのかと問い詰められると、ここは「ベスト3」かな、と言うしかないからだ。

しかし「第三位」とは書くが「第3位」には抵抗がある、という向きもいるだろう。推量の「だろう」が多い文章になってしまうのは、これという定見がないからだ。

漢字に挟まれたら漢数字でいく、というのが、なんとか無理にこじつければ、ルールと言えるかもしれない。

文学賞に応募しようというような人は、なんとかこの線で行ってください。

ただ、算用数字と漢数字の混在はいけません。統一感を考慮することは大事だ。

難しくはないが数字の表記は厄介、と書くのは以上の理由による。

ポイント

漢数字がいいか、算用数字がいいか。
些細な違いに見えて、表現効果は馬鹿にできない。

28 村上春樹に、語尾の畳み掛けというワザを学ぶ

ギリシャには実にいろんな国籍のバックパッカーがいる。多いところから並べていくと、ドイツ人（世界一旅行好きなドイツ人）、カナダ人（世界一暇なカナダ人）、オーストラリア人（カナダ人に次いで世界で二番めに暇そうである）、アメリカ人（最近随分少なくなった）、イギリス人（だいたい顔色が悪い）、北欧三国、フランス、オランダ、ベルギー、それから日本人、というあたりになる。（略）

北方ヨーロッパ人——彼らは実に困難と貧困と苦行を求めて旅行をつづける。嘘《うそ》じゃない。彼らは本当にそういうのを求めているのだ。まるで中世の諸国行脚みたいに。彼らはそういう旅を経験することが人格の形成にとって極めて有効・有益であると信じているように見える。彼らは殆《ほとん》ど金を使わない。彼らは殆どレストランに入らない。彼らは二百円安いホテルを捜して二時間町を歩きまわる。彼らの誇りは経済効率にある。亘の燃費と同じである。どれだけ安い費用で、どれだけ遠くまで行ったか。彼らはそのような長い苦行の旅を終えて故国に帰り、大学を出て、社会に出る。そして——例えば——株式仲買人として成功する。結婚し、子供も成長する。ガレー

ジにはメルセデスとボルボのステーション・ワゴンが入っている。すると今度は彼らはまったく逆の経済効率を求めて旅に出る。どれだけゆったりと費用をかけてどれだけのんびりと旅行をするか、それが彼らの新しい経済効率である。

そういうのが彼らの目標とする人生であり、生き方のスタイルである。

でもイタリア人はそうではない。彼らはとくにそういう風には考えないのだ。そういうのは彼らの生き方のスタイルではない。彼らは午後のパスタやら、ミッソーニのシャツやら、黒いタイト・スカートをはいて階段を上って行く女の子やら、新型のアルファ・ロメオのギヤ・シフトのことやらを考えるのに忙しくて、いちいち苦行なんてやっている暇がないのだ。冗談抜きで、本当にそうなのだ。（略）

——「パトラスにおける復活祭の週末とクローゼットの虐殺　1987年4月」『遠い太鼓』講談社文庫

ここではバックパッカーに見るお国柄を、村上春樹流に捌《さば》いている。エッセイ集『遠い太鼓』。そうかそうかと、読んでしまう文章である。

六行目の「嘘《うそ》じゃない」というのが、まず村上流で、こういう話し言葉のインサートは、これは村上の発明ではないのだが、その特徴のひとつである。

更には「北方ヨーロッパ人」以下の文章が「る」「である」という語尾でほぼ統一されているのが、これも彼の専売ではないにせよ、目を引く。北方ヨーロッパ人の特色を、こういう具合に畳み掛けるのは、しかし彼の筆法の特徴の一つであろう。「る」「である」と繰り返すことで、北方ヨーロッパ人のモチーフが、読者に的確に伝わってくる、ということに留意されたい。作家が主張することに、同意できるというのは、本を読む人にとって、ひじょうに重要なのだ。

それをここで村上は、「る」「である」の繰り返しにより、巧みに訴えかけている。そういうワザがあっての、村上春樹なのだ。

で、世間にはそういう村上に同意する読者が多かった、ということなのだ。嘘じゃない。売れる作家にはちゃんと理由がある。というわけだ。

同じ本に「1988年、空白の年」という文章があって、ここでは、この年がいかに大変だったかを綴《つづ》っている。「切なかった」「みつけられないような気がした」「なくしてしまったような気がした」と語尾を「た」で終え、それを続けることで、シンドさを表現している。前掲の、「る」という語尾の繰り返しで畳み掛けたのと同じ調子である。喋《しゃべ》り口調と文章口調が、ないまぜになった村上春樹タッチが、ここでもうかがえる。

読者は、村上春樹の文章が独特であることを感じて読んでいるが、それが決して物凄くユニークだと思っているわけではない。だが、誰にでも書ける文章でもないと、知っている。ここに掲げた文章のラスト「冗談抜きで、本当にそうなのだ」というのも、書こうとすれば書ける表現だ。文章作法を真似ようとするときに、大いに困難な作家と、そうでない作家がいるとすれば、村上春樹は比較的ラクに真似できる作家であろう。

そのことを一番知っているのは村上春樹自身で、同じ本に『ノルウェイの森』が大ベストセラーになって困惑するところが書いてある。百万部、二百万部という数字は、本人にとっても想像のワクを超えていたらしい。で、そこに孤独感を覚えてしまい、「どうしてだろう」と書くのですね。「どうしてだかわからない」とせず、「どうしてだろう」と独立させるのである。呟《つぶや》くように。こういう辺りが村上春樹ならではは、なのだ。誰にでも書ける文章のようだが、誰もがこういう具合に書いているわけでは、ないのである。

ポイント

「る」や「た」という語尾を畳み掛けると、訴えかけるような調子になる。

29
神吉拓郎に、文尾を統一しないワザを学ぶ

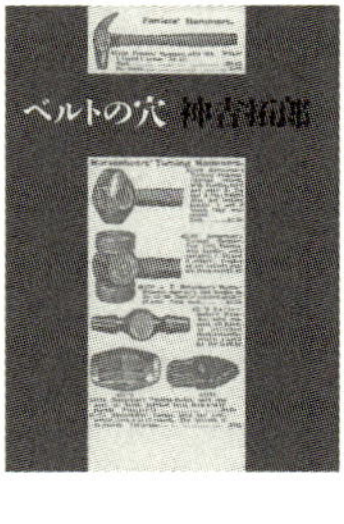

自分の印は、自分で彫る。もし出来れば、これに越したことはない。そう考えついたとき、私は、まことに心豊かであった。思いつくだけなら、実に簡単である。

だいたい、私の机の周囲にあるものは、重たいものばかり、原稿用紙、本、今度は石である。安い石ばかり、練習用にさまざま買って来たので、まるで石屋の置場さながらである。それを、彫ってはすりつぶし、また彫る。見習いと書いたけれど、参考書片手の独学だから、迂遠なこと、この上ない。

石というのは、面白いものですね。

練習用の安い石は、柔らかで彫りやすいが、性がない。

石は練り羊かんのように均質ではなくて、むしろ、大根のようなものでしょうか。筋があり、粗密があり、節理のごときものがある。ナマの大根同様に裂けてしまうこともある。

鶏血《けいけつ》という名の、高い石があります。あざやかな朱の色の斑を持った石で、田黄《でんおう》と並んで人気

のある石です。

これはいい石になるほど硬くなって、名手しか彫ることが出来ない。もちろん、素人の手に負えるものではない。石の値段からいっても、恐れ入ってしまう。十年、二十年先に、一度挑戦してみたいと思うような、遙《はる》か遠い目標ですね。

目標は高く遠くにあるけれど、目下営々とやっているのは、ミトメの製作である。本来は木とか竹、水牛や象牙《ぞうげ》というところで、使いがはげしいから、石はあまり向かないんだろうが、あえてやっている。

今までにかなりの数を作ったけれど、どうも気に入らない。

これには、ちゃんと理由があって、私は、初心者がいちばん陥りやすいところへ、まんまとはまり込んだのである。

それは、彫りいそぐということで、すこしでも早く、印刀を握って、石を引っかきたがる。これが間違いの第一歩で、肝心なのは、その一歩手前。印稿という、つまり下図を作る段階なのですね。

そこに気がついたのは、やはりそれまでの試行錯誤のたまもので、無駄に石の粉ばっかり製造していたわけじゃない。それにしても、随分すりつぶしたけれどね。(略)

——「篆刻見習い」『ベルトの穴』毎日新聞社

神吉拓郎《かんきたくろう》はラジオ構成作家出身。三木鶏郎（トリロー）門下である。

トリローといっても、今では知る人は少ない。ただ神吉拓郎は直木賞を得た。そしてすぐに亡くなった。その名前は、優れた中間小説によって、現在は知られていよう。

ここではエッセイ集『ベルトの穴』から「篆刻見習い《てんこく》」という文章を拝借。「石というのは、面白いものですね」というブロックである。それまでは「た」「である」でほぼ統一していたものが、ここでいきなり「ですね」になる。

文章作法としては、イケナイとされる書き方である。だがそこが作者の狙《ねら》い。神吉拓郎は篆刻という新たに興味を覚えた趣味について語ろうとしているので、こういう、くだけた調子になるのだ。

くだけた調子は、しかしすべての文章で使っているわけではない。自分の気持ちを表すときのみ、使う。その他は、「だ」「である」調を踏襲している。こういうところが、ベテランの味だろう。

すなわち篆刻という趣味というかジャンルについて、きちんと述べる部分では、あらたまって書いている。敬意を表して、は大袈裟《おおげさ》でも、そこにはいくらかの、へりくだりがある。自分はまだ篆刻においては駆け出しなのだから、という謙虚さである。

対して、それがなかなかに難しいものでありましてね、と気持ちを表すときは、くだけた物言いになる。

「遥《はる》か遠い目標ですね」とか「つまり下図を作る段階なのですね」という具合。「無駄に石の粉ばっかり製造していたわけじゃない」なんてのもある。つまり、こういうマゼコゼ口調で、苦心惨憺《さんたん》している状況を記しているわけだ。

やはりラジオ構成作家、という出自を、ここで感じてしまう。エヘン、と堅苦しくお話を始めているうちに、どこかで本音というか本心が出てきてしまって、ラジオを聴いている人の横に、いつの間にか座っているような感じ、なのであります。

思えば向田邦子もラジオ構成作家の時代があった。この職業は、テレビと異なりコトバだけが頼りだから、口調には、ひじょうに敏感である。その敏感さが、文章の時にも、ふっと顔をのぞかせ、人の心を摑《つか》む文章作法を作り上げるのだろうな、きっと。

このようなエッセイ集もあるが、神吉拓郎の本領は、やはりペーソス溢《あふ》れる人生のひとコマを切り取った、短編小説にある。主人公は、作者とほぼ等身大の熟年男が多い。会話の妙、というものが、そこでは味わえる。

その冴《さ》えは、ここでひょいとくだけた口調になる、その妙技に通じるものであります。

ポイント
「だ」「である」調にしろ「です」「ます」調にしろ、統一するのが基本。だが、時にマゼコゼ口調をはさむと有効だ。

30 色川武大に、語り口調のワザを学ぶ

映画の中の佐分利信《さぶりしん》を眺めていると、あの風貌《ふうぼう》が、どこで、どうやって、作られてきたのだろう、といつも思う。私にはそれがとても興味がある。（略）

しかし、今、「暖流」とか「愛染《あいぜん》かつら」とか、「家族会議」など観てみると、役者臭くない新鮮さと同時に、それがまた一つの型になっていない破調も感じられる。やはりこの人は、自分の思う方角をじわじわとゆるやかに歩いて完成に近づいていった人らしく、後年になればなるほど充実してくる。役者というものは職業上、試行錯誤があったり拙《まず》い使われ方をしたりで、たいがいはうわついた足跡があるものだが、この人は、歩みはのろいが一筋道だった。

まァそれは役者として器用でなかったことも幸いしているだろう。

戦争中に、輸入フィルムが杜絶《とぜつ》して、製作本数が減り、手の空いた俳優たちが映画館のアトラクションだとか実演に駆りだされたことがある。

佐分利信も、浅草常盤座《ときわざ》に出演した。たぶん、舞台はこれがはじめてだったのではなかろうか。マイクに助けられている映画で慣れているから、そのうえ呟《つぶや》くような演技なので、声が小さ

くてとても客席に通らない。

当時、臨官席というものがあって、一番うしろに、官憲の人が居《お》り、台本どおりセリフをしゃべっているかどうか調べに来ている。

ところが佐分利信の声が小さいから、何をしゃべっているのか臨官席にもひとつもきこえない。

「これじゃァ駄目《だめ》だ。もっと大声でしゃべらせろ」

演出家が叱《しか》られる。

「もう少し大きな声でお願いします」

といって、佐分利もそのつもりで声を張るのだが、まだ臨官席に届かない。

演出家は弱っちゃって、一計を案じ、舞台装置の囲炉裏の中に、こっそりマイクを隠した。佐分利がその囲炉裏にあたりながらセリフをしゃべる。

今度は場内くまなく声が通った。

ところが二、三日すると、佐分利がそのマイクをみつけて、

「あ、マイクがあるんですか。じゃ、普通の声で大丈夫だ」

それでまた全然セリフがきこえなくなっちゃった。（略）

――「いい顔、佐分利信」『なつかしい芸人たち』新潮文庫

ここでは語り口調と、それがごく自然に文章に溶け込んでいることに注意されたい。すなわち、

「まァそれは役者として器用でなかったことも幸いしているだろう」

「演出家は弱っちゃって、一計を案じ……」

「それでまた全然セリフがきこえなくなっちゃった」

文学青年出身でも学者でもない書き手の文章ならではの、一種のテクニックであり、読者に何とか伝えたいという気持ちの発露がさせた、ワザである。

自然に出たように読めるが、周到な計算の上に立っていると思えなくもない。で、そういうところが、引いて見てみると、作家色川武大《ぶだい》の個性となっているのを知る。

中学生の頃から、浅草を始め東京各地の盛り場を放浪して歩いた色川武大ならではの文章作法は、当然一筋縄ではいかない。ここでは、自分の好きなことだけを集めて語っているので、そういうワザがいかにも内容の軽快さと結びつき、良い結果を生んでいる。人間誰でも好きなことを記すときは、書きたいように書くものだからである。

一度だけ色川武大の四谷の仕事場に行ったことがある。

未《いま》だ封を切っていない（当時だから）レーザーディスクが、無造作に積まれていたのが印象的だった。それからすぐに亡くなった。和田誠さんとか黒鉄ヒロシさんがご一緒だっ

た。あまりお話をしたわけではないが、記憶に残る夜であった。

色川さん、とお呼びするほどの関わりではなかったし、会話もなかった。それはとにかく、好きなものを語るとき、これはおそらく東京の地の人には、すっとわかる東京コトバなのであろう、「まァそれは……」とか「……ちゃった」という言葉遣《づか》いになっている。

普通は、文章中にこういう書き出しや文尾は使用しない。一種の反則だからである。だが、反則でも、それが作家の表現であるなら、これは許される。

そもそもこの文章は、読む人に、どうやって当時の様子を伝えようかという気持ちが基本にある。

だからつい、ほらだからさ、という具合に語り口調になるのだ。

手紙などで「だってさァ」などという具合にも、使いそうである。「なんちゃって」などもしばしば見られる言葉遣いだ。

小論文では使うわけにはいかないが、くだけた文章においては、なかなかに使い道のある作法なのだ。

ポイント

文章の異化作用。

自然に溶け込んだ語り口調はいいものだ。

31 江國香織に、箇条書きという裏ワザを学ぶ

男友達、という厄介なテーマで、エッセイを書くことになった。

まず、男友達を定義づけなくてはならない。私の書こうとしている男友達は、男の友達とは違う。もっと特別なものだ。

定義づけるとしたら、男であり、友達であり、なおかつ「男の友達」ではない人々、ということになる。得難いのも当然といえよう。

どうでもいいことではあるのだが、苦手な男について書いてみようと思う。

具体的に思い浮かべられるのは四種類だ。

●仲間好きな男
●児童文学作家志望の男
●言葉を正確に扱えない男
●定形でしか物を考えられない男

ああ、いやだ。書いているだけで憂鬱《ゆううつ》になる。

「仲間好きな男」とは、何か特殊な仲間を持っていて、その仲間をこよなく愛し、しょっちゅうイベントをする男。大学時代のクラブ仲間とか、プロスポーツのファンクラブとか。なにが嫌って、「こいつらと一緒にいるときの俺がほんとうの俺」という解放のされ方が嫌です。限られた場所でしか自分を解放できないというのは歪《ゆが》んでいる。幼稚だし。

じゃあそんなにみさかいなく、どこでもここでも自分を解放していいのか、と問われれば、いいに決まっている、と私はこたえるし、解放して誰かに迷惑がかかるような「ほんとうの俺」なら、まずそれを改めるべきだ。

仲間好きな男の多くは、結婚すると「家族自慢男」か「威張り夫」になる。それどころか、悪くするとその両方を兼ね備える。これは、観察の結果わかったことだ。

仲間好きな男の傾向として、お酒好きなこととアウトドア好きなことがあげられる。ただし、酒量もアウトドアでの実力も、たいしたことはないのが特徴だ。どちらかを極めている場合、それは仲間好きというよりお酒好きとかアウトドア好きなわけであり、この範疇《はんちゅう》には属さない。

そして、これが最大の特徴なのだが、仲間好きな男は、自分が「少年の心」を持っていると考えている。（略）

——「得難い、男友達」『泣く大人』角川文庫

解説

箇条書きは、クセ者である。

ここでは江國香織《えくにかおり》の『泣く大人』というエッセイ集から引用している。

箇条書きの特徴は、文章が無機的になることで、例えば川端康成とか谷崎潤一郎といった大家は、随筆であろうと、絶対使わなかった。と推察する。

日本語の文章から情感が抜け、学術論文や、現地からの特派員の報告、のようになってしまうからである。

だが、ここでは江國香織という、当代一流の売れっ子若手女流作家が、敢《あ》えてこれを使用して、効果を上げている。仮に円地文子が同様の随筆をものしたら、絶対こうは書くまい。だが現代っ子の江國香織だから、それはごく当然の表現として箇条書きを受け入れてしまうのだ。

文章とは時代と寝ている存在である、ということの、これは証左だろう。

黒の丸が黒々と存在を主張しているのも、目を引く。まるで、教室で黒板に記している文章を見るようである。

これが「ああ、いやだ。書いているだけで憂鬱《ゆううつ》になる」という感想に、見事に結びつくのに注目してほしい。

まさに、そういう効果を狙《ねら》って、黒丸付きの箇条書きにしてあるのだ。なかなかのワザではあるまいか。

　一つの主張や意見を文章で説明するとき、その理由や背景、さらに条件、といったものを記すのに、箇条書きは有効である。文章作法としては、そう教えられる。

　だから、心のこもった内容でありたい、という場合、箇条書きは使われない。ラブレターで、相手に心の内を吐露するとき、好きな理由を箇条書きにするだろうか。まず、する人はいない。ユニークな人ね、と思ってはもらえるだろうが、好きになっては、もらえそうにない。

　だから、これはあくまで便宜的なものなのだ。それがあるから、江國香織は、苦手な男、という、書くのも嫌な事柄を述べるのに、箇条書きを使用したのだ。

　文章表現とは、単純に言葉の並べ方や、表現の取捨選択だけを指すのではない。このように、書き方の形式も、重要である。どういう文章形式を選ぶか、ということから、文章表現は既に始まっているのだ。

　もし仮に、好きな男のことを書こうとしたら、江國香織は普通の文章で、そのパターンやタイプを、綴《つづ》ったはずである。心を、こめて。

ポイント
箇条書きは、文章が無機的になる。
だからこそ使えるときもある、と知っておこう。

32 土屋耕一に、「ね」の持ち出しワザを学ぶ

もうひとつ、同じ頃のパピリオ。

「月に卅四、五せん」だらうと思ふ。

女のお化粧品代《だい》は。

これ以上いるのは、何《なに》か間違《まちが》ってません?

或《あるい》は、一度《ど》に澤山《たくさん》使《つか》はねば、つかないのを用《もち》ひるからぢゃありません?

ね、すごいコピーだ。語尾が、男っぽくなったり、女っぽく迫ってみたり、独り言かと思うと、相手へ切りこんでいったり、ね。(略)

あ、そうだ、はじめのほうに書いたとおり、ちょっとここで脱線する。

いえね、これらのパピリオのコピーを見ていて、あ、あ、あ、と思わず声を上げてしまったのは、なんと、文章の終わりにキチンと終止符のマルがついているんだ。

古い広告の見出しには、マルなんかついていなかった。あれが、最近みたいにハンランしてくるのは、ここ十四、五年の傾向でしかない。そのマルが、なんと、昭和十五年に打ってある。筆

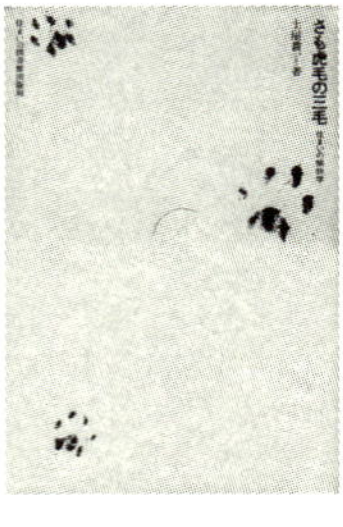

者は、さすがにもう、ウソー、ウソー、などと叫ぶ年齢ではありませんが、しかし心境はまさにそれでありましたね。

まあ、パピリオの場合は、はじめから、数行の文章としてのコピー、が書かれていて、それをたまたま大きく拡大して使っているという表現だから。ここでのコピーは、生まれたときからのキャッチフレーズ、と見るわけにはちょっといかない。でもね、マルはやっぱりマルであり、それなりの働きを画面の中で果たしているのであります。

ついでに、もうひとつ脱線。

同じ頃の広告で、レオン洗顔クリームという、もう名前も聞かない商品ですが、そのコピーに

女学校のお姉様方、

もうすぐ、卒業式ですね。

というのがあった。ほら、ここに「ね」が出てくるだろう。この「ね」なんて語尾は、ついこの頃になって使われはじめたのかと思っていたのにね。ずいぶん昔にもあったのね。がっかり、ね。でも、レオンさんの「ね」は、なにか、ひょいと書いてしまったという気配の一字であります。（略）

――「言文一緒、かな」『さも虎毛の三毛』住まいの図書館出版局

土屋耕一という人はコピー・ライターの間では神格化された方であった。残念ながら二〇〇九年に物故された。梅雨の時分であったが、送る会は青山の真中という感じのビルの中で行われた。その後、送る会会場は東京コピーライターズ・クラブの例会会場となった。合理的というか、洒落《しゃれ》ているというか、唸《うな》った。こうなると列席せざるを得ないではありませんか、送る会に。会員はこぞって両方に出席したことだろう。

それはとにかく、ここではマルの存在と、「ね」という言い回しについて言及されている。マルは可能な限り打て、というのが持論だから、これはまさに我が意を得たり。マルを惜しんではいけない。土屋さんは、昨今マルが氾濫《はんらん》していることに異を唱えているようにも読めるが、マルが大事な文章作法のポイントであることも、きちんと述べている。

もう一つの「ね」だが、これも、ここ三十年ほどの流行として、大いに使われている。真面目《まじめ》に論じている文章に突然「ね」を持ち出し、読者の注意を喚起する作法だ。土屋さんは自分でもこういう手法を取られる方だったから、ここでは真っ当に論じている。

これは、映画の中で登場人物が突然真正面に向き直り、画面を注視している観客に対して話しかけるような、そういう手法である。これも、最近物故した大物俳優森繁久彌が、よく行っていた。森繁の場合、捨て台詞《ぜりふ》を言うようにカメラに向かって言葉を投げつけることで、有名になった。そもそもは古川ロッパの得意ワザだったと、何かで読んだことがある。要するに文章の流れを中断して、読者に訴えかけるというやり方で、ごくさりげなくこれをやられると、大いに効果がある。多すぎると嫌味であり、逆効果だから、取り扱い注意であるが。

「だ」「である」の文章中で、話し言葉のように「ですね」とやるのも、同じ効果。最初に出会ったのは伊丹十三の文章であったが、もっと前にこういう書き方をした人がいたことがわかる。文章はどのように書いてもいいのだ。以上の事例から導き出される定理は、そういうものである。要するに何でもアリ。ただ、再三書くが、やり方によっては嫌味であり、下品にもなる。就職試験で出される小論文などでは、使ってはいけない。ことに堅い会社やお役所では絶対に駄目ですね。

土屋さんは一種の言葉の天才で、回文と呼ばれる上から読んでも下から読んでも同じ、という文章を得意とした。それだけで一冊の本をこさえたほどである。文章の達人であり、文章のセンスが飛び切りでなければ出来ないワザの持ち主であった。

ここで再び土屋さんの文章を読み返してもらおう。実に読みやすいことに気づくだろう。息継ぎと文章のリズムがピッタリと合っている。まさしく天才の文章なのだ。合掌。

ポイント
真面目な文章に突然「ね」を持ち出す。
さりげなく、やってみよう。

33 金子兜太に、「る」の一点張りを学ぶ

私はその年の三月のはじめに、トラック島の海軍施設部（要塞構築のための土建部隊）に一主計官として赴任した。そして、六月十五日米軍サイパン島上陸開始、二十四日のサイパン島放棄の大本営決定（「あ号作戦」中止）、七月九日の米海軍大将スプルーアンスのサイパン島占領声明とつづく経緯を、ただ遠望するだけではあったが、しかしひどく身近な悲惨事として体験したのである。（略）

トラック島は、それ以後本土からの糧道を絶たれて、甘藷《かんしょ》中心の自活態勢にはいった。そして、これも旨《うま》くはいかなかったのである。頭上には四六時中といってよいほどに米機が見張っていて、おちおち藷つくりもできない。だいいち人口にくらべて耕地面積が少なく、病虫害は頻発し、農耕の知識も乏しい。栄養失調による死者が続出したが、とくに被害は施設部の過半を構成する工員に多かった。かれらは軍人や兵以下の扱いを受けていたからである。私たち主計担当の者は、手を拱《こまぬ》いて、毎日眠るように死んでゆく人たちを見ていなければならなかったのだ。

その人たちにたいする申しわけなさが、サイパン島関係の死者への痛恨に重なる。それもこん

どは責任も直接的である。むろんこのこととても、多くの上官や同僚がいて努力していたことだから、大形《おおぎょう》に自分の責任をいうことは気障《きざ》なことなのだが、しかしどうしても日に晒《さら》され放しの枯木のような餓死者の姿が、私には忘れられないのである。

それら戦地に死んでいった非業の死者たちに報いなければならない。素朴といえば素朴なこのおもいが、私の戦後の生きかたをみちびいたといって差支えない。繰りかえすようだが、これが青春期の生《な》まな体験でなかったとしたら、もっとおとなになってからの体験だったら、こんなにまで私の内ふかく刺さり、激しく影響することはなかったかもしれない。しかし今でも、精神の肉に刺さった銛《もり》を取り除き、忘れ去ろうとする気は毛頭ないのである。いまでも、それに執することをもって、自分の生きる意思としているほどなのである。

復員して、郷里の秩父で二ケ月間ブラブラしていた。自転車を乗りまわし、ときには冬の秩父連峯の山襞《やまひだ》にはいった。紐《ひも》付き退職した（生きて帰ってくれば自動的に復職できる条件の）職場に戻るか、死者に報いるための反戦平和に直接役立つ仕事を選ぶか、それを探っていたのだが、さしあたり復職して、そこで、ということになった。これまた安易な決めかたで、いまにしておもえば再び臍《ほぞ》を噛《か》むおもいもあるのだが、それでも、復職した職場を通して、直接に戦後日本の現実を体験する（〈見る〉）ことができたことは、たとえば秩父山峡にいて読書と思索の日をすごしつつその稔《みの》りを待つことよりも、私のような感覚型の男にはプラスだったようにおもう。（略）

――「死者に報いる」『熊猫荘点景』冬樹社

長い文章である「死者に報いる」の一節。名文である。書いたのは現在の俳壇で頂点に立つ金子兜太《とうた》。『熊猫《ゆうびょう》荘点景』（冬樹社）として一九八一年に発行された。

第三段落では「る」と文尾をとめることで、現在の状況を説明している。「死者への痛恨に重なる」、「責任も直接的である」といった具合。

第四段落ではこれが「ない」の多用によって、書き手の意思を表現するものに変わる。「報いなければならない」、「差し支えない」というように、である。そして段落の最後はその両者を引き取るように「である」で〆《しめ》る。まことに端正で行き届いた文章作法だ。

文尾をどうするかは、文章作法において最重要課題とされるものだが、ここではその難関を何の苦もなく突破しているように読める。だからまるで無関心に通り過ぎてしまう人も多いはずだ。

だが、天下の金子兜太である。俳人の最高峰だ。そういうなんでもない文章表現にも、実に入念な気配りをしていることがわかる。

前の段落の文尾を「る」だけではなく「だ」とか「だろう」で書き分けていくと、このようなインパクトは望めないのである。ここはあくまで「る」の一点張り。これが自己の客観視に繫《つな》がっていく。

続く後段は、そういう提示を行った上での、書き手の、虚心坦懐《きょしんたんかい》な姿勢、何事に対しても己を虚《むな》しくしていく覚悟、といったものが「ない」ととめることで、読む側に伝わる。これは理屈ではない。なぜなら金子兜太は文章を記しつつ、うたを吟じているからだ。すなわち文章における「調べ」のよさは、韻文であると散文であるとを問わず、重要であること。文章のリズムとは、決して花鳥風月を表現対象とするときだけに利用されるものではないこと。自分の思いを、形而上《けいじじょう》的な観念を綴《つづ》るときにも有用であること等々を、わきまえているからだ。

文章のリズムが、文字通り通奏低音となって根底にあることで、書く側の言わんとすることが、相手に伝わるのであると、金子兜太は先刻ご承知なのだ。

それは当然であろう。俳句とは、畢竟《ひっきょう》五七五のブロックの、それぞれの末尾をどう裁量するかに、かかっているのだから。わずか十七文字しかないのだ、それに腐心しないで、何に心を砕こうというのだ。

「る」と「ない」を前後で使い分けるセンスは俳人のセンスでありリズム感だが、ものを書くときは、リズム感を忘れてはならないのだ。

ポイント

文尾を「る」や「だ」「だろう」で書き分けず、あえて一つの言葉で通してみる。

34 開高健に、重ねの技法を学ぶ

タバコ＝肺ガン説が正しいのならとっくに死んでなければならないくらい煙りを吸ってきたのだが、何となく今日もくすぶっている。体の調子がおかしいとタバコや酒はにがくていがらっぽくてとても手を出す気になれないので、自動アラーム装置みたいなものであり、反論のある学説よりはずっとたよりにしたい気になる。

この三十五年間に煙りにしてしまった金額はちょっとしたものになると思うが、惜しくはない。タバコを吸わない奴《やつ》はその分だけ貯金をふやしているかというとまったくそうではなく、奇妙におなじ水準にあってカツカツしたり、アップアップしたりしている。あまりにたくさんの例を見せつけられてきたので、いよいよタバコ代は惜しくないのである。惜しいと思うのは失ったライターだけである。これは今日までにいったい何個失ってきたことか、数えようがない。それでいてタクシーでもバーでもレストランでも他人の置忘れを拾ったことが一回もないので、これも煙りにつきまとう不思議の一つである。誰に聞いてもそうだ、そうだというから、いよいよこの不思議は深まる。

どんなに用心していてもライターという奴はフトした隙《すき》に音もなく声もなく消えてしまう。気がついたときは、いつも、すでに、手遅れである。ジッポには鎖付のがあって、末端にリングやボタン穴の革がついており、シャツのボタンにとめるようになっているので、これはありがたいと思って使ってみたが、間もなくわずらわしくなって、やめにした。すると、わずらわしさは消えたけれど、ライターがふたたび蒸発しはじめた。一個消えるたびに親友に背を向けられたような、裏切られたような、叛逆《はんぎゃく》に出会ったような気持になる。ヒトが事物を使役していると思うのはとんでもない思い上りであって、そういう気を起させるように事物が行動し、計略をたて、媚《こ》びているのである。事物は生物《いきもの》であって、頭もあれば心もあり、手もあれば足もあるのだと、思いたくなる。酔っぱらって家に帰って背広をぬぐときに右のポケットの一隅の、いつも感触している小さな、固い重量がいつのまにか消えてなくなっている。またヤラレたかと舌うちしたくなる瞬間、つくづく、ライターは、ネズミかカナリアみたいだと感じずにはいられないネ。(略)

——「青春のダンヒル、戦場のジッポ」『生物としての静物』集英社

解説

文章の癖《くせ》というのは、誰にもある。ここで気づいてほしいのは、第三段落の、「裏切られたような、叛逆に出会ったような気持」であるとか、「頭もあれば心もあり、手もあれば足もあるのだ」といった、重ねの方法。「裏切られたような気持がする。叛逆に出会ったような気持、と言ってもよい」と割らずに、二度塗りのペンキみたいな書き方をするのである。後者も、「頭もあれば、心もある。さらに言うなら、手もあれば足もあるというところだ」と普通なら二分するところを、畳みかけるように迫り、言葉のリズムを生み出している。

ここで紹介したのは開高健の『生物《いきもの》としての静物《せいぶつ》』というエッセイ集。その名の通りモノについて極私的な蘊蓄《うんちく》を傾けている。「書斎のダンヒル、戦場のジッポ」の頁。

モノにコダワルことがイケナイとされていた時代、「コダワリ」は負のコトバだった。それが「ポパイ」など若者向け情報誌の出現で「モノ」に「コダワル」ことがなぜワルイ、という風潮に変わった。「コダワリもひとつの嗜《たしな》み」みたいに、風向きが変わったのである。

もちろん、ここでいう昔風「モノにコダワル」は、気性としてのそれであり、性格の偏狭さを言っている。うじうじと、ひとつのことばかりに拘泥《こうでい》すること。それが正しい意味。

対してポパイ流コダワリは、アイテムに対するコダワリであって、いわゆるマニアの世界である。そういう時代の文章として（初出は一九八〇年代半ば）開高健の粘着質の文章表現は、まことに相応《ふさわ》しい。人間は好きなことについて語るとき、ネチッこくなる。サラリと書き飛ばさず、クドい表記が、書き手の対象物への「コダワリ」を表している。すなわち開高健の関西風（なのかね）のクドい文章が、書く内容とマッチしているのだ。

そもそも第三段落は一行目の「フトした隙に音もなく声もなく消えてしまう」からして、それである。リズムや調子を整えるという文章作法の側からの要請と、「こういう具合にツイ書いてしまうほど好きやねん」という（コダワルおとこ）開高健の気持ちが、まさに重なって、このような表現のオンパレードとなったのだ。

中で「事物が行動し、計略をたて、媚びているのである」は、言葉の厳密な意味としては「行動」と「計略」と「媚び」が、僅《わず》かずつ位相を変えている。先述の「重ね」がタテの重ねだとするならば、こちらはヨコの重ねになっている。自動車の走行に例えるなら、前段の重ねは二台がタテに走っている様子。後者は、三台が横一列に並んで進んでいる格好である。こちらはクルマの種類が僅かずつ異なる。前者は、前後とも同型車ですね。

似た表現を繰り返すことを文章のクセというなら、開高健はまさにクセ者である。そして意図したそのクセに、なるほどね、と感心するのである。

ポイント
似た表現を繰り返すと、
短く割った文章にはない迫力が生まれる。

35 和田誠に、謙虚な物言いを学ぶ

さて、「イエスタデイ」をとりあげるのは、ぼくがこれがいちばん好きだということではない。ビートルズの仕事としては全作品が甲乙つけがたいと言えるのだけれども、彼ら以外の歌手たちが多く歌い、スタンダード・ナンバーとして定着させたものと言えば、「イエスタデイ」を代表としてもよさそうである。ほとんどの歌を、多かれ少なかれいろんな人が採り上げてはいるが、ビートルズ自身が歌わなければサマにならない、と思える歌が少なくないのである。「イエスタデイ」、「ミッシェル」あたりが逆に例外と言えるかも知れぬ。

主としてジョン・レノンが書いたと思われるビートルズ作品の歌詞は、ごく初期のものを除けば、前衛的と申しますか、哲学的と言いますか、日本語にして言葉を解釈するのがむずかしいものが多いような気がする。「イエスタデイ」は特に難解ではなく、さまざまなポピュラー・シンガーが歌ってそれぞれにこなせるのはそのためだろう。

このイエスタデイは、もちろん「昨日」である。それは突然やってきた昨日であり、それまでは「私」にとっては悩みなど遠くにあるものだった。この「昨日」は文字通り前日を意味するのかも知れないし、それ以前の過去、または過去のある日を指しているのかも知れない。とにかく、「私」にとっての「昨日」なのである。「私」は昨日を信じ、昨日に焦がれている。何故彼女は行ってしまったのかわからない、と「私」は歌う。昨日までは恋などたやすいゲームだった。今は隠れるところが欲しい、と「私」は歌っている。

65年の曲で、ジョン・レノンとポール・マッカートニーの共作である。特にどちらが作詞でどちらが作曲と明記はされていない。彼らの共同作品は完全な合作もあるだろうし、レノンが詞、マッカートニーが曲という場合も、その逆もあるのだろう。ジョージ・ハリスンにも「サムシング」の如《ごと》き傑作があるが、大半の曲はレノン＝マッカートニーが受け持っていた。いろいろな意見があるだろうが、ぼくの独り合点を言えば、マッカートニーが最もポピュラーな路線を狙《ねら》っていたのではないか、前衛的なものよりももっと不特定多数に親しまれるような方向を考えていたのではないかと思う。そしてビートルズの存続を望んでいたのもマッカートニーではなかっただろうか。

――「イエスタデイ」『いつか聴いた歌』文春文庫

なんでもやってしまう和田誠さんが、これが一番好きなんだ、という感じで書いた本、それが『いつか聴いた歌』である。

デザイナー兼イラストレーターとして出発した和田誠さんが、実はたくさん本を書いている人であるのは、意外と知られていない。映画監督もやったりしているから、著書が百冊を越えた、と聞いて驚いたのは随分まえのことだ。いまでは百八十冊以上という。

さて、そういう和田さんの本を、ここで取り上げるのは、以上に記したことと実は関係がある。すなわちデザイナー兼イラストレーターである和田さんは、そういう自分が色々なジャンルで本を書いていることに対する、まことに謙虚な思いがある。俺こういう本、書いちゃったんだ、読んでくれる、みたいな。

そういう控え目さが、例えばここでは「前衛的と申しますか、哲学的と言いますか」という表現や「多いような気がする」といった、おずおずとした物言いに表れているのだ。つまり自分の「分」は、あくまでイラストレーターであり、デザイナーなのだけどね、というへりくだりである。「代表としてもよさそうである」とか「例外と言えるかも知れぬ」もそうだ。だが、デザイン関係の著作では、もっと堂々と書いている。ように読める。

文章で重要なのは、この自信と謙虚さの使い分けではないか、と和田さんは教えてくれているのだ。そして、一般の人が文章を書く場合にも、これをアタマにおいておく必要があるのではと、和田さんは教えてくれる。もちろん、そっとであるが。

断定的に言い切ってしまうより「そう思われる」とか「ではないか」と〆《しめ》る方が、奥行きが生まれ、よく伝わる。

逆に、ピシャッと言われると、目の前でドアが閉められたような気がしてしまう。人間とはそういうものである。

この『いつか聴いた歌』はジャズのスタンダードについて書かれた、日本で最高の本である。だが、書かれた当時（三十三年前である）和田誠さんはただのファンであり、一スタンダード好きに過ぎなかった、と謙遜《けんそん》している。すなわち、これを生業にしているジャズメンや作曲家や編曲家を向こうにまわして、素人が書いてしまった、という一種の自戒である。

ところが歳月は、この本を本邦最高のスタンダード論という位置に押し上げてしまった。ご時勢ですね。

そういうわけで、おずおずと書かれた部分に、今日では絶対的な評価の裏打ちが与えられ、屈指のジャズ・スタンダードの本となって、読み継がれているのである。

ポイント

「そう思われる」「気がする」「ではないか」……
断定的に言い切らない方が奥行きが生まれる。

36 池澤夏樹に、独り語りの迫力を学ぶ

農大の時の仲間がこっちに戻っていたんで（それが、仲間って苗字《みょうじ》の奴《やつ》なんだ）、そいつのところに転がり込んで、しばらくバイトで暮らすことにした。人生遊ぶ時期もあってもいいと思ったのさ。だいたいここは仕事の口も少ないところなんだが、運がよかったのか南部の方の大きな病院で働けることになった。時給で比べれば東京の七割かな、出費の方はもっと少ないから、その時はそれで充分だと思った。

仕事はトラフィック。名前はかっこいいけど、要するに院内の運搬屋だ。一日中ずっとキャスターのついたカートを押して歩いていた。今の病院の中ってのはずいぶんたくさんのものが動いている。薬局と医薬倉庫の間に物流室というのがあってね。そこを中継点にして、薬品や資材を各科へ運び、各科からは検体を取ってきて物流室の分析屋さん宛《あて》の棚へ、廃棄物は裏口から外へ出たところにある専用のコンテナーへ分類して。郵便物は事務室から各科へ。そういうものを、それでなくても忙しい看護婦さんたちに代わって運ぶのが俺の仕事。科に顔を出してものを渡し、受け取り、また次の科に行く。時には患者の車椅子《くるまいす》やストレッチャーも押したし、二人部屋

を一人使用に換える時はベッドを運び出しもする。場合によっては死体を霊安室までしずしずと押していくこともある。そういう仕事。

単純そうに見えて、なかなか頭をつかう。バイオとは無縁だけど、いい仕事だった。病院はおもしろいよ。人を見ているのがおもしろい。いろんな人の人生が詰まっている。

看護婦？　いや、それは違うな。たくさんいて、からかったり笑ったり、なかなかいい気持ちのもんだけど、特定の一人に関心が行くことはなかった。あっちも遠巻きにして見ているだけ。俺も集団として見ているだけ。しかし、若い女の子がたくさんいて、その気になればひょっとしてなんとかなるかもしれないという状態がずっと続いている。これは悪いもんじゃないよ。

しかし、そこに女医さんが一人登場する。

いや、本当にそうだったんだ。

内科のノリコ先生。姓は言わないでおこうか。沖縄にはたくさんある姓で、その時は内科に同じ姓の先生が二人いたからさ、内部ではゼンコウ先生とノリコ先生と呼んで区別していた。（略）

――「連夜」『きみのためのバラ』新潮文庫

こういう語り口調は一般によく使われる。目の前に聞き手がいて、それに対するキャッチボールをしているような按配《あんばい》だ。

中で、聴き手からのクエスチョンを挟むのが、ここでは利いている。

「看護婦？　いや、それは違うな」という具合。

池澤夏樹の短編集『きみのためのバラ』から「連夜」という作品だ。

「しかし、そこに女医さんが一人登場する」

「いや、本当にそうだったんだ」

というやりとりもある。ここで印象的なのは、（目の前にいるはずなのに）聞き手を一切登場させないこと。明らかに男同士の会話であるのに、一人芝居のようになっている。

池澤夏樹はどうして、そういう手法にしたのだろう。会話すなわち自分と相手の会話を交互に文章化して、話を進めてもよかったのである。だがそうはせず、完全に独り語りの文章にしてしまった。ずっと後の方には、

「いや、お前が知っているとおり、俺はもてる方じゃないよ」というのがあって、主人公のガールフレンドと（一度会っているよな？）と、確かめる箇所もある。

そこでも、相手の言葉は「　」では登場しない。相手の語りは、主人公の耳にしか聞こえてこないのだ。「　」で出てくる言葉は、話の中に登場するノリコ先生の言葉だけ。話

題の主の発する言葉だけが、主人公以外に表されるものなのだ。これは徹底している。

文章を書くとき、徹底して自分の言葉だけで書き進めると、このような効果が得られる。言わんとすることが、抵抗なく綴《つづ》れるのだ。

物語は件《くだん》の女性の手紙で終わる。手紙の内容はドラマチックだが、それはこの文章作法とは、とりあえず関係がない。

考えられること、つまりどうして相手が会話に入って登場せず、書き手（語り手）は、ただずっと独りで話を進めていくのか。

その理由はいくつか考えられる。まずもって頭に浮かぶのは、これは最初から独白、つまり独りで勝手に喋《しゃべ》っていたのだという解釈。要するに「独り言」である。

ふたつ目は、相手を登場させないことで話の純度を上げようとした。意図的に。

どちらだろう。でも、どちらであるにせよ、目の前にいる相手に対して語りかける文章には、それなりの迫力というか、パワーがあるということが、わかりますね。

試しに、相手が「そうだね」とか「知っているよ、それで」という相槌《あいづち》を打っていたりすると、この短編の味わいは随分違ったものになるだろう。

ポイント

一人芝居のような文章。

小説を書くなら、覚えておきたい手法だ。

37 夏目漱石に、書き出しの凄さを学ぶ

山路《やまみち》を登りながら、こう考えた。智《ち》に働けば角《かど》が立つ。情《じょう》に棹《さお》させば流される。意地を通せば窮屈だ。兎角《とかく》に人の世は住みにくい。

住みにくさが高《こう》じると、安い所へ引き越したくなる。どこへ越しても住みにくいと悟った時、詩が生れて、画《え》が出来る。

人の世を作ったものは神でもなければ鬼でもない。矢張り向う三軒両隣りにちらちらする唯《ただ》の人である。唯の人が作った人の世が住みにくいからとて、越す国はあるまい。あれば人でなしの国へ行《ゆ》くばかりだ。人でなしの国は人の世よりも猶《なお》住みにくかろう。

越す事のならぬ世が住みにくければ、住みにくい所をどれほどか、寛容《くつろげ》て、束《つか》の間《ま》の命を、束の間でも住みよくせねばならぬ。ここに詩人という天職が出来て、ここに画家という使命が降《くだ》る。あらゆる芸術の士は人の世を長閑《のどか》にし、人の心を豊かにするが故《ゆえ》に尊《たっ》とい。

住みにくき世から、住みにくき煩《わずら》いを引き抜いて、難有《ありがた》い世界をまのあたりに写すのが詩であ

る、画である。あるは音楽と彫刻である。こまかに云《い》えば写さないでもよい。只《ただ》のあたりに見れば、そこに詩も生き、歌も湧《わ》く。着想を紙に落さぬとも璆鏘《きゅうそう》の音《おん》は胸裏《きょうり》に起る。丹青《たんせい》は画架に向って塗抹《とまつ》せんでも五彩の絢爛《けんらん》は自《おのず》から心眼に映る。只おのが住む世を、かく観じ得て、霊台方《れいだいほう》寸《すん》のカメラに澆季溷濁《ぎょうきこんだく》の俗界を清くうららかに収め得《う》れば足る。この故に無声の詩人には一句なく、無色の画家には尺縑《せっけん》なきも、かく人世を観じ得るの点に於《おい》て、かく煩悩《ぼんのう》を解脱《げだつ》するの点に於て、かく清浄界《しょうじょうかい》に出入《しゅつにゅう》し得るの点に於て、又この不同不二《ふどうふじ》の乾坤《けんこん》を建立《こんりゅう》し得るの点に於て、我《が》利私慾《りしよく》の羈絆《きはん》を掃蕩《そうとう》するの点に於て、――千金の子《こ》よりも、万乗《ばんじょう》の君《きみ》よりも、あらゆる俗界の寵《ちょう》児《じ》よりも幸福である。

――『草枕』新潮文庫

もちろん旧仮名遣いを現代仮名遣いに直しているということはあるのだが、この有名な夏目漱石の文章が百年前に書かれたというのは、凄いことである（初出は一九〇七年）。改行が多い作家ではないのだが、冒頭の、有名な「山路《やまみち》を登りながら、こう考えた」の「独立した」一行が、モダンである。

これまでどれだけ多くの作家、文藝の徒が、これを真似したことだろう。今では、誰でも、こうやって一行の切り口で冒頭を飾る手法を取ることができる。だが当時は、相当新しかったはずである。

小説やエッセイなどの文芸作品では、書き出しが重要だとは言い古されたことだ。しかしこの『草枕』の冒頭に接すると、いつもその思いを強くする。

続く二行も素晴らしい。

「智《ち》に働けば角《かど》が立つ。情《じょう》に棹《さお》させば流される。意地を通せば窮屈だ。兎角《とかく》に人の世は住みにくい」

なにしろ夏目漱石なんだから素晴らしいのは当たり前だが、百年前の一種のエピグラム（警句）が、今も充分通用する、堅牢《けんろう》にして不動不滅の内容を有していることが、凄いのだ。

夏目漱石は、書写するに値する数少ない作家で、実際そうしている人間を何人か知っている。原文すなわち旧仮名で写せば、その高級な手本になるし、現代仮名に直ったものなら、現代文章の無二のモデルタイプとなる。

ちなみに森鷗外《おうがい》で、こういうことをやっている人物を知らない（もちろんいるだろうが）。ここはやはり漱石でなければならない、のである。

美点はいくつもある。ここではまずその文章の短さを挙げたい。個々の文章が短いから、読みやすい。だからわかりやすい。すなわち納得できる、同感できる。

そして調べの良さ。――漢文も巧みであり、漢詩をよくした夏目漱石には、漢文の（読み下し文の）調子の良さ、調べの高さが入っており、それが散文にも反映している。

現在の中高生に漢文の時間がどれだけ与えられているのかは知らぬが、少ないことは想像できる。もしかして皆無か。まことに勿体《もったい》ないことである。年寄りになってから思う。もっと漢文に親しんでおればよかった。

そういう、漢詩の高尚な響きを、一方では落語を手本にしたとされる、漱石の文章から嗅《か》ぎ取ることができるというのは、考えたら面白いことだ。高尚と卑俗。それが無理なく同居しているのが夏目漱石なのである。その凄さも堅牢さも、すべてはここに起因するのではないか。忘れずに付け加えるなら、その人気の変らぬ高さも。

ポイント

一行の切り口で冒頭を飾る。

書き出しで、読み手の心を摑《つか》んでしまおう。

38 筒井康隆に、点と丸の打ち方を学ぶ

この文章は。と、に関する極めて短い考察であるそもそも昔は。も、もなかったそうであるそれどころか濁点半濁点すらなく改行もあまりしなかったそうでそうしたことから考えるに昔の人は現代人よりも文章の読解力にすぐれていたと言えそうだ現代では。はともかくとして、や改行の濫用によって読みとばしということが可能になったつまり読みとばしをしても充分意味が判読できるわけでありこうしたことがますます現代人の文章読解力を衰えさせているのではないだろうかぼくは一度。はともかくとして、は文章にそもそも必要ないのではないかたいていの文章は音読されることはないのだからと考えて意識的に、をすべて省いた小説を書いたことがあるその結果読みづらくてかなわんという意見はひとつもなかったことから大いに意を強くしたものだそこで今度は、どころか。すらない小説を書いてみようと思っているさらにまたそれでもさほど読みづらくないという意見が多ければ本来。や、を打つべきところに。も、も打たずとんでもないと

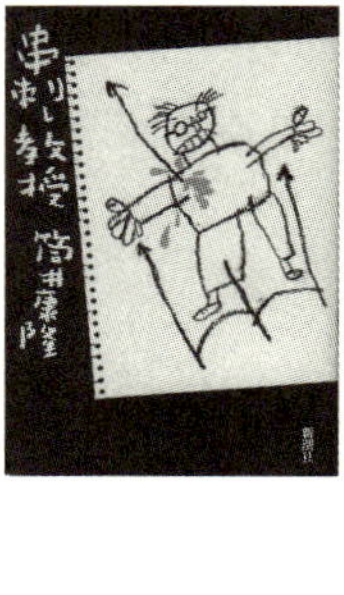

ころに。や、を打った小説を書いてみようかと思っているただし本来打つべきでないところに。や、を打ったとしてもそれはそれで別のルールに則《のっと》っていなくてはならない現在その別のルールというのを模索中である何かいい手法はないか

――「句点と読点」『串刺し教授』新潮社

解説

筒井康隆による「句点と読点」である。『串刺し教授』の中にある。鬼才とか奇才と呼ばれる筒井に相応《ふさわ》しい大胆な発想であり、文章である。

なにしろ一つも句点や読点がない文章を書いて、そこに「例」としての「本物」の句点と読点を加えるというのは、一種の離れ業であり、筒井康隆ならではの快挙、と呼んでよかろう。

句点や読点について、プロ中のプロである筒井にとってもコレは実際厄介なものであり、決定的な解決法はない、と匙《さじ》を投げているのだ。要するに、お手上げ状態。

文中にあるように、昔の人は点や丸など打たなかった。『源氏物語』にはそういうものが一切ないことは有名である。

改行も、文章全体の終わりで、それに代えていた。

日本語の文章に、点や丸が打たれるようになったのは、おそらく明治も相当進んでからで、これはつまり義務教育制度の確立により、国民皆兵ならぬ国民総書き手になってしまったからだろう。

そうなると、やはり読みやすい文章が必要とされたのである。

ところで、古い作家ほど息の長い、つまり点や丸の少ない文章を書く、という印象がある。対して若い作家の文章は総じて短い。つまり点や丸が多用されている。

で、その基準は奈辺《なへん》にありや、というのが本稿のテーマであるが、そこには、筒井康隆も言っているように、決定的なセオリーはないのですね。

読みやすいように点を打て、というのが、ま、決まりといえば、決まりである。改行も、主旨が異なったら行う、というくらいにしか言えない。

改行の多い少ないによって、読みやすさは変わるが、それとても、好きずきだろと、シレッと言う人がいる。すなわち無政府状態。

皆さん勝手にやっているのであります。

読みやすい文章が良い文章であると、一応本書では、大前提として、唱えている。それには点や丸を多用せよ、と続けるのだが、それでは点や丸が少ないのは良い文章ではないのかと、昔の大文豪の文章を突きつけられても、困るのだ。

ものを書くということは、畢竟《ひっきょう》、どうやって点や丸を打つかを思い悩みながら行う作業なのかもしれない。

そうしながら、なんとなく自分なりの点や丸の打ち方の作法を編み出していく。どうもそういうことらしい。

ポイント

読みやすいように点や丸をたくさん打て。
でも、これはあくまでも原則、自分流でいい。

39 山本夏彦に、起承転結の構成を学ぶ

戦国の大工は江戸時代の大工とは別人である。信長お抱《かか》えの岡部又右衛門父子は日本一の安土城を建てて天下びとの威勢を示した城大工である。城大工は諸大名の相談を受け進言する軍事顧問であり、ハイテクノクラートである。鉄砲伝来以来築城術は一変した。大名は最新情報の持主でなければ生き残れない。そして築城術は日進月歩だから、城が成ったらその秘密を知っている大棟梁《とうりょう》は殺されるというのはむろんあるまじきウソである。

城大工の棟梁はひっぱりだこである。信長の信頼厚い岡部父子は、本能寺の変のときも信長の身辺にあり共に討死している。そのあとをついだ秀吉は中井正吉《まさよし》、正清父子を抱えた。中井正吉の傑作は大坂城である。難攻不落である。秀吉没後正吉の子正清は家康に仕え、やがて大坂城を攻める側に回るが、父の建てた城は落ちないと知っている。強《た》ってと命じられていつわりの和を講じて、まず外堀をうめれば落せると言ってはたして落した。

戦国の大工は築城ばかりしてはいない。広大な伽藍《がらん》、社寺を建てている。関ヶ原以後全国に築城ブームがおこって京に劣らぬ技術は日本中に普及した。その大工はどこへ行ったのだろう。三

代将軍家光の日光造営を最後に終った。以後はいわゆる職人の名人上手になって、気宇広大な大棟梁は出なくなった。

戦国の大工は設計と施工を一貫してする。地を平坦にして堀を穿《うが》ち石垣をきずくのは土木の仕事である。いま俗に土建屋という。ゼネコンというのは戦国の大工の子孫である。その血は脈々と流れている。ゼネコンは土木出身と建築出身に別れているが、もと同根《どうこん》の兄弟である。港湾、橋梁《きょうりょう》、空港、トンネル、地下鉄は土木の仕事である。ビルラッシュというがビルはさら地になった地上に建つのである。

その土木について世間は知ることあまりに少い。（略）

なるほど「瀬戸の大橋」が竣工《しゅんこう》したときは新聞は大々的に報じた。ただ社会面に出て設計施工中井正吉なんて出ない。故に世間は知らない。この業界にはスポークスマンがいない。広報部があっても機能してない。記者会見があっても土建界全体、ことに土木については言及しない。けれども地下鉄に乗らないで一日も都会生活はできないのである。よかれあしかれわが国を支えているのは土木なのである。その技術は世界一なのである。

むろん巨額の金が動いている。談合がある。そして記事になるのはスキャンダルだけである。この世界はもっと知られなければならないと私は私の雑誌に書いた。右はその片鱗《へんりん》である。

――「戦国の大工たち」『死ぬの大好き』新潮社

人間の見物人、とは新潮社が「週刊新潮」のコラムを集めた『死ぬの大好き』の山本夏彦に付けたキャッチフレーズ。心にグサリと来るようなことを書きながら、それが週刊誌に何年も続いたのは、文章がそれに耐える堅牢《けんろう》な構成だったからに他ならない。

ここでは前半のブロックが「である」を多用していることに留意したい。

戦国の大工つまり大昔のことを書いているのだが「である」と現在形だから、読者は今の話のように、身近なものとして読むことができる。

対して後半の「瀬戸の大橋」の記述には「ない」が多用されている。

言うまでもないが、こちらは現在の話である。

そして大団円。最後尾では「る」「ある」を多用した止め方で、全体の文章が結ばれる。これが夏彦式文章作法というものであろう。冒頭に事例（起）を挙げ、読者を引きつけ、中段でそれを展開（承）する。そして後半部では持論（転）を提示。最後数行が筆者の気持ちの吐露、すなわち感想（結）となる。そのような鉄壁の構成に加え、文章技術としての「ある」とか「ない」という止め方を意図的に使うことで、最後の持論に持ち込む。

ここではその戦術を、感じ取るべきであろう。

まことに達者な、端倪《たんげい》すべからざる山本夏彦の文章の技量を読み取らねばならない。ご存じのように山本は生前「室内」というインテリア雑誌を主宰していた。その守備範囲は建築や土木にも及んだ。そういう蓄積があるから、この大工の話は大いに専門的である。

さらには漢文の素養というものが大いに反映されていると理解する。

「いま俗に土建屋という」とか「もと同根《どうこん》の兄弟である」といった具合。驚くべきことに、この両者は呼応しているのだ。続けて読んでほしい。まるで漢詩を詠じているような気分になる。名調子、すなわち調べの高さこそ、永年にわたり読者を引きつけて離さなかった夏彦調の真骨頂であった。

漢文すなわち漢詩は実に理詰めの、つまり起承転結の秩序立った構成を有している。若き山本夏彦はそれを読み続けることで、日本語の文章にもそのような要諦《ようてい》があることを悟った。文章が血の通ったものであるためには、文章の構成が堅牢で、高い調子を有し、同時にチクリと人を刺す言辞を駆使する技量を備えるべしと。

ラストのフレーズにも注意されたい。「むろん巨額の金が動いている」以降である。ここでは、捨て台詞《ぜりふ》とでも呼ぶべき技巧が使われ、世の中の条理が敗退し、不条理がまかり通っていること従前の如《ごと》しと、強調される。

堅牢な構成、調子の高さ、そして警句。それらを学ぶに山本の文章に如《し》くものはない。

ポイント

事例（起）展開（承）持論（転）感想（結）。

文章は、構成をしっかり立てること。

40 安部譲二に、比喩の面白さを学ぶ

懲役の中には、有名で伝説的なのも随分いますが、ドク・西畑はその中でも間違いなく飛び切りの、「有名懲役太郎《ベテラン》」なのです。

大先輩で有名なのは、脱獄の時、釘を踏んづけ、そのまま断郊競走《クロスカントリー》のように走り続けた、と伝えられる「五寸釘の寅吉《とらきち》」ですが、この頃のスーパー・スターには、一回服役するごとに警官や看守、さらには検察事務官でもなんでも、相手を役人と限って必ず最低五人は告訴してしまうという「筆殺しの金」とか、垂直なコンクリの塀や舎房の壁を、ぬれ手拭《てぬぐい》一本の粘着力だけを頼りに、自在によじ登るという「イモリ松」。

入浴の時、パンツだけの裸足《はだし》姿で、裏門からスルリと外に走り出し、横浜から愛人の住む横須賀の在まで、手拭を鉢巻にしてマラソンのふりをして走り続け、途中で子供や年寄りから応援までされたという真鶴出身の「真鶴アベベ」。などという連中がすぐ頭に浮ぶのですが、その手合に比べてドク・西畑は、尊敬され歓迎されるビッグ・ネームでした。

ドク・西畑はもう六十歳に近い、細身ですが骨太で背の高い、仏国暗黒街映画《フィルム・ノワール》の脇役に出て来

そうな、修羅場の煙が毛穴に染みたマスクの男で、しかも上腕と両胸に桜の花吹雪、背中から両尻には見事な昇り竜といった、まるでドラゴンズの花見のような彫物を背負っているのですが、塀の外ではゴロツキなんかじゃなくて「腕前日本一」と、免状持ちたちの眉をしかめさせる偽医者です。（略）

――「ニセ医者日本一の腕前」『塀の中の懲りない面々』文春文庫

安部譲二の『塀《へい》の中の懲《こ》りない面々』である。題名の「塀の中」は流行語にまでなった。安部サンの文才を認めたのは雑誌「室内」の山本夏彦であったのは、よく知られている。

ここでは安部サンの比喩《ひゆ》の才能に学ぶ。例えば「修羅場の煙が毛穴に染みたマスク」とか「まるでドラゴンズの花見のような彫物」といった具合。豊富（！）な人生体験や、特異（！）な経歴から得た、まことにユニークな比喩表現が、この本には見られる。

ざっと挙げてみても、「顔の表面がストライキでもやっているように表情の乏しいイカツイ男」とか「涙が寒さでシャーベットになりそうな冬」、「丹下左膳か伊達政宗のように、片目で膝《ひざ》の上に拡げてある本を睨《にら》んで」、「無給で貧乏国の南極探検隊の用心棒にでも、されてしまったような」、「カナブンを捕まえた猫のようにいびり」、「近寄るわけにはいきません、虫歯の痛いライオンみたいなものですから」などなど。こういう才能は貴重である。見た目に似合わず、「です」「ます」で優しそうに綴《つづ》るのも逆に、コワイ。小父《おじ》さんのコワサが背後に感じられて、ますますその文章に吸い込まれて行ってしまう。まさに「魔女に童話を読んでもらっているような」気分である。こうして、その語り口調の巧みさと、比喩のユニークさによって、安部譲二は流行の人となった。

比喩を文章に取り入れるには、それではどうしたらいいだろう。安部譲二の作法は個性的過ぎて一般的とは言いがたい。しかし、注意深く観察すると、そこには一定の法則が、ないわけではないのに気づく。例えば動物や昆虫の生態を引き合いに出すところがある。これは生き物をよく見ていることの現れだろう。つまり、普段から人間以外の生物を観察しているのだ。これで表現の引き出しが蓄えられることになる。裏返せば、これは好奇心の強さ、ということだろう。その上で、少しイジワルな物言いをする。ちょっと突き放した表現をするのである。「涙」とか「無給」といった言葉遣《づか》いに、それを感じるのではないか。

そういうことを普段から意識していると、ピリッとした比喩が使える、と思う。物事を、少し位相を変えて眺めることで出来るのだ。――べつに塀の中に入らなくても。

昭和四十八年頃、一度だけ安部譲二に会った。ゆっくり話をした。初対面でも会話が弾んだ。そのときはアベナオヤさん。りゅうとした身なりで大きなアメ車に乗っていた。青山の酒場で、奥さんがママをやっていた店。三島由紀夫の『複雑な彼』はオレがモデルなんだと、嬉しそうに言った。「もっともラストは、ちょっと変えてあるんだがね」

――これまでに会った誰とも違っていた。ザラッとした「サンドペーパーで鉄屑《くず》を擦《こす》った」ような声。「ドラえもん」のジャイアンに、似ているなと思った。

安部サンが塀の中に入るのは、その二年後である。

ポイント

イメージが鮮やかに浮かぶ比喩表現。好奇心旺盛に、いろいろなことを観察してみては？

41 桜井順に、オノマトペを学ぶ

ルンルンといえば林真理子ということになってしまった。一億総コピーライター時代、巷《ちまた》に落ちているコトバは最初に拾いあげた者のモノになる。いちはやく身に着けて元祖を名乗った者の社会的ラベル、ロゴマークとなる。いま企業間で流行のCI競争の影響かも。

タレントもモノカキも一種の企業体だから目立つためにはロゴマークが必要なのだ。ひとつのマークを確立すれば三年や五年は食えるというのが業界の常識で。ただしそのマークは企業体の生理とどこかでツナがっていなければならない（昨今はA企業にプレゼンテーションして失敗したロゴマークアイデアをそのままB企業に売り込む手合もいる）。

林真理子とルンルンは生理的同調点を持つ。彼女のいく分ハナヅマリ風な重めの声質はウ段に同調する。ウ段に撥音《はつおん》ンを組み合せたオノマトペはクンクン、ツンツン、フンフン、プンプン、ムンムンのごとく匂《にお》いの周辺をカバーしている。嗅覚《きゅうかく》は五感の中で最も本能に近い原始的な感覚。鼻に自意識を埋めこむタイプは元来内向的つまりネクラ派で、世間に背を向けネコのように丸まって自らの体温を高めてしまいやすい。体温が高まることによって体臭をあたりに発散さ

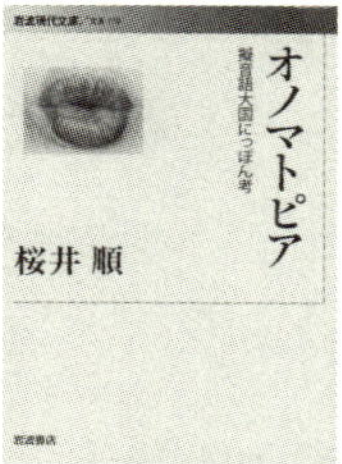

せ、それをまた気にしてさらに丸まってしまうという悪循環に陥りがちだ。

林真理子が自らのロゴマークとしたルンルンにはランランのアッケラカンとした弾みもリンリンの爽《さわ》やかな響きもない。自閉的R音であって本来なら流行語となれるようなタマではない。しかしそこがそれ、マスメディア時代のタイミング、退屈大衆のオモシロガリ・パフォーマンスというもので。

真理子サマとの邂逅《かいこう》によってルンルンの方もまたステイタスを大きく上げることになった。真理子サマが蓄積した体温を体臭とともにマスコミに向かってイッキに発散する過程で、ルンルンは単なる気分のレベルから情事のレベルへ巧みにすべり込んだのだ。「ついに彼とルン・ルン・ルンしてしまった」という表現に至ってその効用は大幅に拡大した。ネタとかヤッタとかデキタとかの使用に踏みきれない消費層のボーダイな需要が全部ルンルンに集中したのだ。

この時期の真理子サマの策戦はまことにシタタカだった。今度は捨て猫を拾ってきてルンルンと命名し自閉コンプレクスのすべてはそっちへオッカブセ、自らはネクラを売りもののネアカエッセイストを気取るという、高度の替え玉サーカスを演じそこから直木賞へと攻めのぼった。猫をキッカケに世間ではルンルンはニャンニャンへと変容し、それはそれでまたひとつのロゴマークとなって、オニャンコクラブなどといった現象も生み出している。

ルンルンは林真理子の生理と願望を満たすのにピッタシの四文字であったのだ。

——「林真理子『ルンルン』」『オノマトピア——擬音語大国にっぽん考』岩波現代文庫

書いているのは桜井順さん。「黒の舟唄」や「マリリン・モンロー・ノー・リターン」の作曲者である。岩波現代文庫『オノマトピア』より。「オノマトピア」とは、聞きなれない人が多いかもしれないが、擬音語・擬態語を意味する「オノマトペ」に、理想郷を意味する「ユートピア」を重ね、反語的に作り上げた桜井さんの造語だ。

桜井さんはＣＭ音楽界の巨匠で、数々の名作・ヒット作を世に送り出した。もっと前はＮＨＫの連続ドラマ「若い季節」のテーマ音楽を書いた人として知られていた。ザ・ピーナッツが歌い「ワーオ、ワーオ、ワーオ」と始まる番組主題歌は、当時広く世に知られた。で、この「ワーオ、ワーオ」が、そもそも擬音、擬声であったことに気づく。そんな昔から、このカタは擬音語、擬声語にコダワッテいたのだ。

もっともこれオノマトペではなく、ジャズやR&Bの世界でいうスキャットとかドゥワップという歌い方、掛け声の一種と言うべきかもしれない。どちらかといえば、そっち。

それはとにかく、オノマトペは「漢字にならない表現」と、覚えておく。「悶々《もんもん》とする」などは一見オノマトペのようだが、これは立派な普通表現。なぜなら、そもそもが漢字から派生しているから。「モンモンとする」と書くことがあるが、それでもオノマトペではない。同様に、彫り物を語るときに登場する「倶梨伽羅紋々《くりからもんもん》」もオノマトペではありません。

逆に「銀ブラ」はオノマトペ。「銀座ブラリ」の略だからで、ブラリはオノマトペだから、その略式の「銀ブラ」もオノマトペになる。

文章中にオノマトペを織り込ませるのは、公式文書では、うまくない。「ガラガラと音を立てて……」と書かず、「大きな音を立てて……」とするべきだろう。「銀ブラ」も、「銀座散歩」とする必要がある。例えば入社試験の小論文などでは。

オノマトペを多用すると、どうしても文章が紋切り型の、手垢《てあか》の付いた表現に堕することになる。そして、ちょっと品格が落ちてしまう。だからなるべく使わないようにする。

だがどうしても使いたい、という向きは「ここぞ」の場面に、ギラリ、と一回だけ使う。そうすると、いわば伝家の宝刀を抜いたような塩梅《あんばい》になって、大いに利くのだ。

ここで桜井さんは「オノマトペ」を論じながら、一方で林真理子の本性、正体にスルドク迫っている。この文章は、文明評論家桜井順の才能を示すもので、書かれたのは二十五年ほど前のようであるが、その切れ味は今も有効である。

よく知られているように桜井さんは野坂昭如《あきゆき》の分身みたいなヒトで、開店休業といったカタチの野坂に代わって（筆を取り）、毒のある文章をことさら狙《ねら》っている。だが育ちのよさというか、人柄の良さで、ドロドロした毒がキレイな知性に転化しているのを知る。

ポイント

擬音語・擬態語の「オノマトペ」。
多用するとつまらないが、「ここぞ」の場面で使いたい。

42 星新一に、硬い文章をやわらかくするコツを学ぶ

いったい、人間の持つブラックなものとはなんであろうか。（略）

人間がその内部において、やりきれないとでもいうか、どうしようもなく持てあましているもの。それがブラック的なのである。こうでも言っておく以外にあるまい。しかし、よく考えてみると、これは単なる言いかえで、じつはちっとも説明になっていないのだが。

少し前までは、私たちは未来に対してひとつの信仰を持っていた。未来という世界においては、解明、統一、単一化、明瞭、整理、清潔、矛盾解消、などといったすがすがしいものばかりが存在しているのだと。

しかし、どうやら現実は逆のようらしいぞと、私たちは少しずつ気づきかけてきた。複雑化はさらに進み、矛盾は深まり、分散化と多極化の傾向が高まる一方だ。古きよき時代にあっては、現象の大部分は私たちの頭で理解できた。少なくとも、理解できたような気分にはなれた。だが、現在から未来にかけては、理性だけでは処理しきれそうにない。おれはすべて理解できるとの自信の主は、頭のおかしい人に限られる。

しかし、頭のおかしくない人は、人類の適応力をここで発揮する。すなわち、総合的判断の直感というか直観というか、その能力である。これがユーモアなのではなかろうか。よく説明はできないが、どことなくおかしい。その感覚こそ、まさに正常そのものではなかろうか。

ブラックユーモア漫画を見ておかしいと感じることは、矛盾にみちた人間を直視したことになる。それは同時に、自己のなかのブラックな部分をも認識したことである。

これをふまえた上でこそ、人類は未来へ進めるのだ。なんてことは、ほかのところでならべつだが、ここでは場ちがいだ。いかにもおざなりである。だいたい人類なんてもの、進んでいるのやら、退いているのやら、足ぶみしてるだけなのやら、だれにもわからないことである。

しかし、これだけはいえそうである。内部にブラック的なものを持たぬロボットは、決して笑わない。いかに精巧な大コンピューターも、われわれのような笑いを笑うことは決してあるまい。

ブラックユーモア漫画を見てなにかを感じたかたは、自己がまだロボット化していない証明となさってよろしい。それこそ人間としての最高の救いではなかろうか。いや、救われたからどうだというのだ。救われたほうがいいのかどうか、考えはじめるとなんともいえなくなり、泥沼に足が入りかけたような気分にまたもおそわれ、きりがない。

――「ブラックユーモア漫画」『きまぐれ暦』角川文庫

解説

世の中には、やさしい文章を書く人と、むずかしい文章を書く人がいる。

少年時代に濫読《らんどく》を続けて得た結論がこれである。

では、やさしい文章と、むずかしい文章とは、どこがどう違うのか。それを、この星新一の文章で説明する。

その前に、やさしい文章と、むずかしい文章は、意味合いにおいてどう違うかを説明しておきたい。

まず、やさしい文章は、意味が素直に伝わる。対してむずかしい文章は、意味がわかりにくい。両者の違いはこれである。

で、星新一の文章だが、ここではかなりむずかしい内容を説いている。特に前半は漢字が多く、そのため見た目が黒い感じになっていることでも、それはわかる。さらには、こうも書く。

「人間がその内部において（略）じつはちっとも説明になっていないのだが」

ここでは星新一みずからが、むずかしいことを説明しようとして、それが説明になっていないことを認めている。すなわち、そのくらいむずかしいことなのだ。

だが決して文章自体はむずかしいものではなく、むしろ、やさしい、読みやすい文章になっている。それは、文章に巧みに織り込まれた、

「しかし、どうやら現実は逆のようらしいぞ」とか、

「おれはすべて理解できる」といった話し言葉の存在による。

試しに、そういう箇所を別の硬い表現にしてみると、その違いがわかるだろう。

「だが現実は全く逆のようである」とか、

「すべてを理解したと思っている」とすると、随分硬い文章になるのに気づくはずだ。

書き手の星新一は、充分にそのことを意識して、書いている。

「人類は未来へ進めるのだ」というのも、いきなり声に出して登場した感じである。

論文の書き方においては、こういう話し言葉の存在は不純物として浮き上がってしまう。だから使ってはいけない手法である。

だが、この星新一の文章は『きまぐれ暦』などという本の中にある、気楽なエッセイだから、これでいいのだ。気楽に読める文章は、こう書け、という見本のような文章である。

東大卒と関係があるかどうか知らないが、星新一は相当頭の良い人だったと思うのは、こういう作法をいかにも当たり前に使うからだ。

時代が変わっても、少年少女に人気があるのは、以上の理由による。

ポイント

むずかしい内容でも読みやすさは大切。

話し言葉をさりげなくインサートしてみよう。

43 多田道太郎に、難しい内容をやさしく書くコツを学ぶ

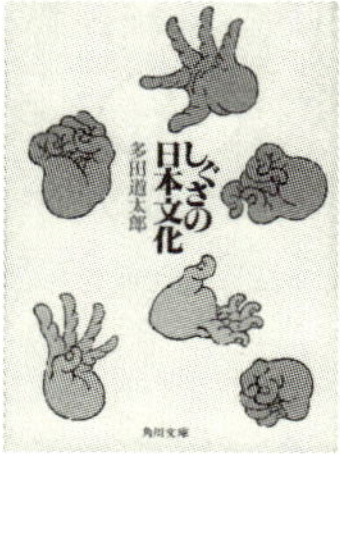

「そっくりショウ」というテレビ番組を見たことがある。有名歌手やタレントに「そっくり」の素人《しろうと》を集めてきて、歌をうたわせ身振りをさせる。そして最も良く似た（というより、よく似せた）出場者に賞金をさしあげるという趣向の番組である。ご覧になった方も少なくはあるまい。私は最も「日本的」な番組の一つにこれを推したいとかねがね思っている。日本人は物真似が好きで上手で、だからこの番組が最も日本的だ――というわけではかならずしもない。物真似ということに、私たちが置いている（皮肉なことにそれこそ独自の）価値が、この番組には浮き彫りされていると思うからである。

簡単に言ってしまえば、私たちは心の底では、物真似を悪いとは思っていないということなのだ。（略）

日常の会話でも、同種の価値観がひょいと顔をのぞかすことがある。初対面のグループに私なら私が加わったとき、そのグループの人びとから、私がだれそれに似ている、彼らグループの間では熟知のだれそれに似ているといわれることが少なくない。（ある時など、私が女性編集者と

二人でクラブで酒を飲んでいると、そこのホステスはその女性編集者を美人だとほめ、京マチ子に似ていると言った。そして私の方をもつくづくながめ、杉狂児に似ていると言ったものである。私にとってこれはかならずしも名誉ある類似ではなかった。私は杉狂児氏よりはるかに若いのである。にもかかわらず、そのように評した人びとに悪意があったとは思えない。彼女らは、人と人との類似を良しとする無意識的価値観にしたがってそのように振舞ったまでなのである)

あるグループに忽然《こつぜん》と未知の人が飛びこんできた場合、大抵は大いに警戒される。これはおそらく洋の東西を問わない。しかし私たちの社会では、その未知の人を既知のだれかと相似化することによって安心するという慣習がある。「似ている」ということは、それほどの力をもち、価値をもっている。

これはどういうことなのか。

速断はゆるされないが、ここには「独創」と「模倣」ということについての根ぶかい思想、感情がひそんでいるように思われる。

第一に、他人と似ていることは、それ自体良いことなのである。第二に、他人に似せようと努力することは、それ自体良いことなのである。

おたがいよく似ていることは、集団にとっての安心である。そこに人間と人間とのつながりがある。たんなる真似好き、模倣の才能といったものではない。（略）

——「ものまね I」『しぐさの日本文化』角川文庫

ここで注目すべきは「ひょいと」である。高名な人文学者の著作に、このようなくだけた表現が入っているのが面白い。この「ひょいと」によって、読む人は書き手の世界に引き寄せられてしまうのだ。

文章において、それが高尚で堅苦しい内容であればあるほど、こういう話法は引き立つ。誰も、普通の人は、難しい文章など読みたくないものだからである。もちろん、そういうテクニックを駆使しても、内容それ自体にはブレがないことが肝要であるが。

また「杉狂児」という名前を持ち出すのも、同様である。黒澤明の「用心棒」で、番屋の番人をフワフワと演じていたのを記憶している。コメディアンである。およそ、似ているとは人から言われたくないキャラクターである。

同伴の編集者が京マチ子、妖艶《ようえん》な容貌《ようぼう》で大いに人気を博した女優、に擬せられているのに対して、自分は「杉狂児」であることは、なかなかに計算されていると言わねばならない。これが佐田啓二や森雅之、上原謙（すべて往年の二枚目）だと、鼻持ちならない自慢話に堕してしまうのだが、「杉狂児」だから、ハイハイと聴いていられる。読んでいられるんだ。

残念ながら先年亡くなられた多田道太郎という学者は京都の生まれで、京都の大学に学んだ。

東京の権威主義に対して京都は、官学でもずっとくだけているなと思うのは、こういうところで、文章を書く際に、相手に対して居丈高《いたけだか》な態度は無用であると知るべし。「ひょいと」にしてもまた「杉狂児」にしても、京都の学者ならではの腰の低さを感じる。もっと言うなら人間の幅、大きさ、みたいなものである。

その上で「これはどういうことなのか」と一行独立させ、まるで切り込んでくるような物言いも、巧《うま》い。京マチ子や杉狂児で油断させておいて、「これはどういうことなのか」と持ち出すのは、なかなかに鋭いと、言うべきだろう。試合巧者、という感じである。

ちゃんと聴いていますか、といきなり目の前に詰め寄られ、本気かどうか確かめられているような気がする。

アクの抜けた、さばけた表現を一方で使いながら、肝心のところでは、ここはちゃんと聴いてください、と注意を喚起する。おそらく大学の教壇で身につけた作法なのだろうが、人気の高い教授だったに違いない。

文章において、こういう緩急自在のテクニックは、相手に到達するベクトルにおいて大きいものを有していることを肝に銘じるべきである。

そして、難しいことをやさしく書くために様々な手法があることも。

ポイント

堅苦しい内容なら、表現に工夫が必要。
くだけた言い回しを意識してみよう。

44 深代惇郎に、提言や主張のコツを学ぶ

タテとヨコの話をしよう。一昨日の朝日新聞に、評論家石子順造さんが「近ごろのマンガ」について書いていた。それによると、漫画の読み方が大人と子供とまるで違うそうだ。大人はまず文字を読み、絵をながめ、一コマずつ読みすすむ。ところが子供は、前後左右、縦横十文字に絵を見たり、字を読んだりする。数コマとばしたり、また逆戻りしながら、そのスピードは大人の倍以上だという。言われてみて、たしかに思い当たる。**たまに漫画本を手にして困るのは、ヨコに読むのかタテに読むのかが分からないことだ。**

漫画だけの話ではなく、センベイやキャンデーのはいった袋を手にしても、同じ経験がある。ヨコに引き裂くべきか、タテに切るべきか、ハムレットのように悩んでいると、子供たちはパッと、あざやかに袋を開ける。あのコツを見ると、ああ老いたりという思いもわく。

永六輔さんはタテに文章を書く。それを勝手にヨコ書きに印刷した編集者の専断をおこっているタテ書きの文を読んだ。「タテの物をヨコにもしない」という編集者の言い方はあるのかも知れぬが、やはりタテ書きにはタテ書きの発想がある。いくら日本のタテ社会批判が盛んでも、だ

からといって無断で文章を横に倒すのはよろしくない。タテ書き、ヨコ書きのどちらが読みやすいかは、古くて新しい論争だ。目は横長の形をしている。目玉は左右に動かす方が、上下に動かすより疲れない。眼球の視野はタテが六〇度しかないのに、ヨコは一六五度もある。だからヨコに読む方が早いはずだという説もあるが、反論はいろいろある。

難問を一つ、ご披露しよう。鏡に向かうと、左右は逆に映るのに上下は逆さにならないのはなぜか。左右が逆になるからといって、横に寝た自分を鏡で見ても、頭と足とは逆になっていない。学者でも簡単には答えられない物理学の問題だそうだ。

――「タテヨコ論争」『深代惇郎の天声人語』朝日新聞社

解説

縦《たて》書きか、横書きかを説いているのは深代惇郎《ふかしろじゅんろう》である。ご存じ「天声人語」。朝日新聞の名コラム。

今も続いているが、論説委員になった深代が担当したのは、昭和四十八年二月から同五十年十一月まで。僅《わず》か三年にも満たない期間であった。

しかし、深代の前に深代なく、深代の後に深代なし、と呼ばれた。

これまで何人の論説委員が「天声人語」を書いたか知らぬが、「天声人語」と深代惇郎の名は、ほとんど同義語になるまでに天下に鳴り響いたのである。

それはとにかく、深代惇郎の「天声人語」は千字ほどのコラムとして最強の構成を誇っている。すなわち、きっかけを、まずアタマに置く。提言や主張を本懐とする場合には、その結論つまり一番言いたいことをトップに掲げるのである。

ここでは「タテとヨコの話をしよう」と、くだけた調子で始まる。くだけてはいるが、論旨は明快である。

そして、以下その理由や背景を、諄々《じゅんじゅん》と説くのである。「たまに漫画本を手にして困るのは、ヨコに読むのかタテに読むのかが分からないことだ」と、ここでもリラックスした物言いである。

続いて、ことは漫画だけの問題ではないとして、センベイやキャンデーの袋を登場させ、永六輔を持ち出す。タテの文章を勝手にヨコにした編集者に怒った話である。で、最後に、タテもヨコも結論は出せない、とする。

なんだかはぐらかされたようであるが、人の生き死にの問題ではないから、これでいいのだ。

それで納得のいかない読者には物理の難問を出して、後口を和らげる。まことに達者なものである。

千文字というのは、一つの主張を説くには格好の文字数で、その文字数を駆使するについての深代惇郎の筆致は、もうこれ以上どうすることも出来ない、というような緊張に満ちたものだ。まさに、なにも足さない、なにも引かない、揺るぎのないピラミッドのような文章である。こういう文章を書きたい人は、ただ引き写せば、それで相当のところまで到達するであろう。

だがそれで深代惇郎のような文章を自分で生み出せるか、というとそれはまた別の問題である。

深代の前に深代なく、深代の後に深代なし、と呼ばれるのはそのためである。

ポイント

何かを提言する場合は、
その結論つまり一番言いたいことをトップに掲げよう。

45 白洲正子に、静かな反論のコツを学ぶ

先日も京都から伊勢へ取材に行く途中、東海道の土山を通った時、ついむらむらといつもの癖が出た。それは十年近くになるだろうか、京都の博物館で古面の展覧会があった時、「福太夫《だゆう》」と名づける非常に美しい面を見た。油日《あぶらひ》神社蔵と記してあった。土山の在、と聞くだけで、どんな神社かしらべてもみなかったが、突然そのことを思い出したのである。むろん私はこのあたりの地理に詳しくはない。ただ、甲賀のあたりというだけで、その神社がどの辺にあるのか、だが地図を見ると幸いにも、油日という駅がみつかった。国鉄草津線の小駅である。町や村は、近頃みな合併して、およそ無性格な名前に変ってしまったが、鉄道がこういう古い地名を残しておいてくれるのは有りがたい。たぶん駅で聞けばわかるだろうと、私は運転手さんに頼み、国道をそれて、西側の、旧道へ入って行った。松並木の美しい、昔のままの街道である。高速道路やバイパスも結構だが、交通がはげしいだけでなく、その地方の住民の土地にしみついた暮し、そういつたものが少しも見られないのが寂しい。東名でも名神でも同じである。ところが一歩横道へそれると、家あり田あり畠《はたけ》ありで、身近に人間の匂《にお》いがただよう。これは観光ブームのお寺につい

てもいえることだろう。バスから押し出される観光客は、信仰とも鑑賞とも、いや単なる見物からも程遠い人種に違いない。ただ隣の人が行くから行く、そんなうつろな顔つきで、いってみれば、テレビや洗濯機を買うのとなんの変りもありはしない。しぜんお寺の方も抽象的な存在と化し、金もうけの機関としての役割しか果さない。気のせいか、百済《くだら》観音にも昔のような魅力はないし、中宮寺の如意輪《にょいりん》も、近頃は色あせて見える。雰囲気や環境に左右されるのは、私の鑑識眼の至らぬ故もあろうが、絶対に左右されぬほど、人間は強いものではない。仏像や古美術も、強いものではない。それは不断の尊敬と愛情によって磨かれ、育ち、輝きを増す。特に日本のものの場合は、その傾向がいちじるしい。

田舎の片隅に、人知れず建つ神社仏閣は、そういう点ではずっと生き生きしている。古美術のたぐいも、村人たちに大切にされて、安らかに息づいているように見える。油日神社は、私が思ったとおり、そういう社の一つであった。駅前の通りを南へ少し行くと、大きな石の鳥居が現われる。まわりは見渡すかぎり肥沃《ひよく》な田畑で、鈴鹿の山麓《さんろく》に、こんな豊かな平野が展《ひら》けているとは、今まで思ってみもしなかった。南側の、鈴鹿山脈のつづきには、田圃《たんぼ》をへだてて油日岳が、堂々とした姿を見せている。神山というのは、たとえば大和の三輪、近江《おうみ》の三上《みかみ》山といったように、あまり高くはないけれども、何か共通の美しさと神秘性を備えており、遠くからでもすぐそれとわかる。（略）

――「油日の古面」『かくれ里』新潮社

解説

白洲正子の『かくれ里』である。「油日《あぶらひ》の古面」と題された文章の冒頭だ。

まず「ついむらむらといつもの癖が出た」という書き方に、専門の学者ではなく、自分は、ただの愛好家である、という姿勢を打ち出している。

学者先生はゼッタイ、こういう書き方をしません。

小さなことだが、このようなタッチを滲《にじ》ませることで、読者は詰めていた息を吐き出せるわけである。

続く文章のリズムも「……た」と「……である」を交互に使い、調子を出す。

これが中盤では「……に違いない」、「……ありはしない」、「……しか果さない」、「……ものではない」と止める。この「……ない」が、ここでのポイントであろう。

すなわち、それまでの前半部のように「……た」や「……である」としないことで、軽くなっている。試しに、例えば「……に違いない」の代わりに「……に違いないのである」とか、「……しか果さない」の代わりに「……しか果さないのだった」としてみると、その重さに気づくだろう。

そしてこのように「……ない」と止めることで、白洲正子の文章は、彼女にとってはあまり好ましいと思われない、世間様の状況を提示している。ちょっと斜に構えて。

読者は彼女の苛立《いらだ》ちを、ここで知る。

世間ではこういうこと、らしいです。でもワタシは、ちょっとちがうなあ。

映像的に言うと「……ない」の部分は、それぞれの場面を無調で写している。ただ写す。白洲正子のナレーションを入れるなら、

「今の日本で、仏像や古美術の受け容《い》れ方はこうなんですね、でもなあ」という具合。

この止め方で、情景を淡々と写し、世の中ではこうだけど、そうかしらねと、抵抗を示すことが、続く白洲正子「自身」の感想や、思いを強調することになっていく。

後半の「田舎の片隅に……」と始まるブロックでは、彼女の意見や感想、思いを語っている。もしくは見たものに主観を交えて綴《つづ》っている。「ように見える」、「思ってみもしなかった」、「それとわかる」という具合。言葉は強くないが、受け取るものは相当強い。

小林秀雄や河上徹太郎といった文士、さらには青山二郎のような頑固親父にしごかれて、うんうん言いながら文章術を会得したと言われる白洲正子である。そこには、なまなかの書き手には到達できないワザがある。

ここでの文章でそれが自然に出たのか、意図的なのかは知れぬ。だがまるで普通の語り口のように読ませているところに、白洲正子の真骨頂がある。

ポイント

「……ない」と止めるのを続ける。
口調は軽いが、そこには静かな反論が生まれる。

46 高島俊男に、文章に勢いをつけるコツを学ぶ

ところがこの『銀座百点』連載が、たいへん評判がよい。「おもしろい！」という声が、しきりに筆者の耳にはいる。

これには、最初の一年は隔月掲載だったというのがさいわいした。好評が十分に耳にはいってから、次の回を書くことになる。

だれもがおもしろいと言う、その、どこがいいのかと言えば、主役の食べものの話ではなくて、家族がいい、特にあのお父さんがいい、というのである。

そのお父さんというのは、なにも特別のお父さんではない。敗戦のころまでは日本じゅうどこにもいた、一番ふつうのお父さんである。

家族のなかで一人だけはたらいていて——つまり収入を得るしごとをしていて、家族全員を食わしている。とりもなおさず、一家の生存を双肩にになっている。だからいばっている。こどもをどなりつけることもあるしひっぱたくこともある。だから「お父さんにいいつけますよ」と言われるとこどもたちはふるえあがる。

こどもたちを愛してはいるのだが、その表現ははなはだぶっきらぼうであるから、こどもにはつうじない。おとなになってからやっとわかる。

そういう一番ふつうの父親像は、従来の文学作品に出てこなかった。それはそのはずで、そんなありきたりの人物では文学作品にならない。それが日本の文学の常識だった。いくじなしで人にだまされてばかりいるとか、大酒飲みで妻子をほうり出してほれた女に入れあげるとか、そういうまともでない男であってはじめて文学作品の登場人物たる資格がある。

ところが向田邦子の食べもの随筆は食べものが主役なのだから、人物はなにも特異な人物である必要はない。まじめに働き、家族を守り、妻や子に弱みを見せず、無口で威厳があってこわい、そういうありきたりの父親でじゅうぶんである。

ところが戦後三十年たってみると、そういう典型的な父親があまり見あたらなくなってきていた。それがまたさいわいした。（略）

そういう読者の好評に影響されて、『銀座百点』連載は、徐々に食べもの話から家族の物語へと重心をうつした。いわば、向田邦子はおみこしに乗ってしまったのだ。かついでいるのは愛読者たちである。乗っている向田邦子に、かつぎ手たちは、さあ、昭和十年代の、東京のサラリーマン家庭のほうへやってくれ、たのもしくてガンコで不器用で、涙がこぼれるほど妻やこどもたちを愛しながらそんなそぶりは毛ほども見せぬお父さんのほうへやってくれ、と声をかける。乗り手たるもの、そっちへむかわざるを得ない。（略）

——『メルヘン誕生』いそっぷ社

解説

高島俊男の『メルヘン誕生』である。向田邦子の作品を論じ、塩辛い。だが名文であり、読むと、大概の人は、なるほどね、と思う（はずである）。

ここでは二行、二行、二行、また二行と四つの二行ブロックが続き、間に四行が挟まり、続いてまた二行、そして四行となる。以下も、同じリズムを感じさせる段落が並び、最後にようやく六行の比較的長い段落と成ったところで終わる。

文章作法を語るのに、なにを持ち出そうとするのかというと、最初の二行の繰り返し四ブロックが、しっかり計算された説得と説明の文章になっており、このように規則正しく並べて書くことで、読者はどんどん奥へ進むことができること、そういう作者の作法について言及しようと、いうのである。

高島俊男の作風は一種猟師のそれに似ており、獲物（語るテーマ、及びそれを書いた人間）を諄々《じゅんじゅん》と追い詰めていく苛烈《かれつ》さを有している。だから、追い詰められたら、怖いだろうな、と思う。

読者はそれをただ読んでいればいいのだから平気だが、これは、どこか探偵小説で主人公が犯人を追い詰めている流れを、読んでいるような錯覚に陥る。

その作法が、わかりやすく出ているのが前記の二行の並び方で、短い段落を続けることでリズムが生まれ、ベクトルつまり方向と勢いが生じるのである。

ここでは向田邦子の生涯のテーマの一つであった父親を、作者のいつもの言い分とは別の角度から眺め、探りを入れることで、その真実の像（と思われる）を、白日の下に曝《さら》すのである。

暴露、とはキツイ言葉だが、我々が読んできた向田邦子による父親像とは、相当に様子の違ったものがそこに浮かび上がり、慄然《りつぜん》（はオーバーか）とするのだ。少なくとも、相当驚くね。

文章作法は作家それぞれが有している一種の引き出しだが、高島俊男のそれは、どれもピカピカに磨きこまれた引き手が付いており、いつでも中のものを取り出せるようになっている（ように思える）。猟師が鉄砲の手入れを怠らないように。

ひじょうに知的な著作だが、向田が好きな人にはやや塩気が強すぎるかもしれない。だが、さほどでもない人間にとっては、やっぱりそうか、と大いに納得させられるものがある。探偵小説マニアにも、前述のような理由で、お薦めである。

二行のリズムが執拗《しつよう》（というほどでもないのだが、結構続く）に繰り返されることで生じる説得力。これを学ぶべきだろう。シツコサも芸のうちなのだ。

ポイント
短い行数の文章をテンポよく並べると、勢いが生じることを覚えておこう。

47 糸井重里に、「ぼく」と「私」の違いを学ぶ

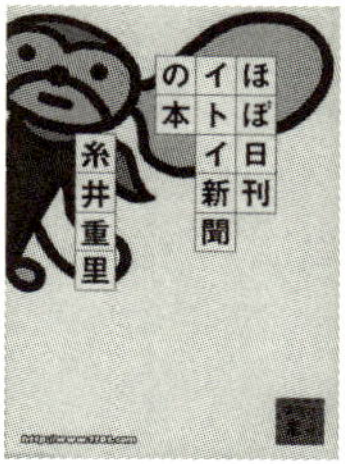

ぼくのやってきたコピーライターという仕事を世間の人は、

「うまい文句を考える人」

と誤解しがちだ。

しかし、ぼくはコピーライターという職業をそんなふうに考えていない。

「おいしい生活」「不思議、大好き」などのコピーだけでなく、沢田研二の「ＴＯＫＩＯ」などの作詞づくりも、ＮＨＫ教育テレビでやっていた「ＹＯＵ」の司会役も、また『家族解散』（新潮社）という小説執筆も、あるいは商品開発や企業戦略にかかわる仕事も、果ては徳川埋蔵金探しも、すべてコピーライターとしてやってきたことだ。

つまり、アイデアを出して言葉にしていくこと。

そして、それを活《い》かす方法を考えること。

そういうすべてのことがコピーライターの仕事だと思っている。

野球で守備位置からちょっとはずれた打球を捕ろうとしない野手は、エラーという記録がつか

ない。でも、守備範囲の外側まで飛びついて捕るから、投手の自責点も減らせるし、ゲームにも勝つ。

もっといえば、コーチの指示がなくても打者にあわせて守備位置を変えたり、マウンドに寄って投手を励ましたり、そういうことすべてが野球選手の仕事だが、コピーライターもそれと似ていると思う。

「コピーライターはなんでもできるんだ」

と、ぼくは言いはって仕事をしてきた。

別に速く走ったり、高く跳んだりすることはできないけれど、アイデアとコミュニケーションにかかわることなら、なんでもできるし、やれなきゃダメなんだと考えている。


——「コピーライターの仕事」『ほぼ日刊イトイ新聞の本』講談社文庫

ここで問題にするのは「ぼく」という表現で、これを糸井重里は、どこかで大いに注意しながら使っているように読める。

どうして「ぼく」に、そんな意味合いを感じるのか。

それは「ぼく」という一人称が、どこか頼りなげな感じを与えるものだからで、もしここで「ぼく」ではなく「私」だと、この文章はもっと高踏的なものになってしまう。それを、書き手は嫌ったのである。

自分の考えを読み手に好意的に納得してもらうには、ここは「ぼく」という頼りなげな表現で行こう。それで、わかってもらいやすくなるだろう。イトイ君はそう考えたのですね。

同世代の人間としては、大いに同感。「ぼく」という一人称は戦後に広まり、昭和三十年代に教育を受けた世代にとって実に自然に響くのだ。すなわち、すわりが良い。

ここで、すわりが良いと書くのは、これが「ぼく」ではなく「僕」だったら、ちょっと違うんじゃない、と思うからだ。「ボク」でも駄目。

まず「僕」には、なんというか、どこか文学臭が漂うのだ。なぜだか知らないが、そう感じる。

同じ「ぼく」と「僕」に大層な違いがあるのかと、いぶかる向きもあるだろうが、ここは断然「ぼく」。「僕」ではちょっと違うのだ。

そこのところをイトイ君もちゃんとわかって「ぼく」としていると、ぼくは思う。

さらには「ボク」だが、これもゼッタイ違いますね。

こっちの「ボク」と書く人は、職業作家には滅多にいないが、芸術家のエッセイなんぞで見かけることがある。生垣のある洋館に住んでパイプをふかしているような、そういう鼻持ちならなさを「ボク」には感じてしまうのだ。

生垣にも洋館にも、もちろんパイプにも恨みはないが、それが三位一体となると、俄然《がぜん》ある種の臭《にお》いを発してくるのだ。

それでは「私」や「わたし」と、「ぼく」や「僕」はどう違うのか。

ズバリ言うなら「私」はちと重い。「わたし」になると、少しニュアンスが勝ちすぎる。どちらも普通の人には陰影の濃い表現になってしまう。

「わたし」も、女性だと、あまり濃くもないのだが、男性だと、そうなのですね。不思議。だからここは「ぼく」で行こう。イトイ君はそう考えたのである。

そういうわけで、英語だと「アイ」で済んでしまう一人称も、日本には、男女の別や職業特性、時代、育った環境、などなどによって以上のような含みがある。

ポイント

たかが一人称、されど一人称。
「ぼく」でいくか、「私」でいくかで印象は大きく異なる。

48
司馬遼太郎に、脱線の効用を学ぶ

僧に官僧と私度僧《しどそう》がある。

私度僧は無位無官だが、しばしば庶民のあいだで人気の高い傑僧が出る。この時代、重源《ちょうげん》（一一二一〜一二〇六）という僧が、名実ともに傑出していた。

東大寺の官僧たちは、この在野の名僧に再建募金のための「大勧進《だいかんじん》」を委嘱した。

重源は、その重責をよく果たした。伽藍《がらん》を再建し、大仏そのものも鋳造した。

この時代、仏像は金鍍金《メッキ》されねばならない。それには、黄金が必要だった。

黄金は奈良朝以来、陸奥《むつ》から産する。

ところが、陸奥は半独立のようなかたちで平泉の藤原氏がおさめており、鎌倉の頼朝の権力といえども、まだ白河以北にはおよんでいなかった。

重源は、奥州の藤原氏に黄金の寄進をもとめるには、歌人として名声の高い西行に行ってもらうしかないと考えた。

ついでながら、勧進《かんじん》ということばについてである。

後世、門《かど》に立ち物乞《ご》いをする類《たぐ》いのふるまいをさすようになったが、まだこの十二世紀末は原義どおりに「人ニ勧《すす》メテ仏道トイウ善ニ進マシムルコト」の語感に近かった。現実には社寺の復興のためにひろく募金活動をする。

そのころ西行は伊勢の二見《ふたみ》浦に草庵《そうあん》を結んでいた。

重源は伊勢にきて神宮に『大般若《はんにゃ》経』を奉納したあと、西行に会い、勧進のことをたのんだ。

西行は、高齢ながら、快諾した。

ひとつには、若いころ陸奥にあこがれて歌枕《うたまくら》を訪ねる旅をしたことがあり、年を経て陸奥への想いが募っていたのにちがいない。

余談ながら、この西行の陸奥への憧憬は、はるかな後世、芭蕉にひきつがれる。

西行は暑いころに京を発ち、駿河《するが》の小夜《さよ》（さや）の中山を越えるときに、「年たけてまた越ゆべしと思ひきや　いのちなりけり小夜の中山」と詠んだ。（略）

——「銀の猫」『街道をゆく42　三浦半島記』朝日文庫

とにかく、司馬遼太郎といえば「余談ながら」なのである。『余話として』と題した著作さえある。さらには『以下、無用のことながら』と名づけられ、編まれた書もある。

この文章にはもうひとつ「ついでながら」という書き出しも見える。司馬遼太郎という作家には、書くべきことが、いかにも多かったのだ。

ここでは『街道をゆく42　三浦半島記』から「銀の猫」を抽出。

有名な話だが、司馬遼太郎が例えば明治期の「水雷《すいらい》」とか「軍装」などをテーマに書こうとすると、神田の古書街からトラック一杯分の資料が運ばれたという。集めるのも大変だが、それを読むのも、また一苦労だっただろう。

そのようにして集めた資料である、書くことには事欠かなかったのは、当然だったろう。「余談ながら」が頻繁に登場するわけである。

ひとつのテーマを書き続けていくとき、本筋とはやや外れるが、書き残しておいた方が良いと思われる事柄については、この司馬遼太郎スタイルが有効である。もっとも「余談ながら」と断って書き綴《つづ》るほどのことは、通常の人間には、そうはないだろう。大袈裟《おおげさ》すぎるのである。

そういうとき便利なのは「因《ちな》みに」という言葉。これは一般の人の文章にあっても、すわりが良い。「ちなみに」と開いてもいいだろう。

読む側は、司馬遼太郎のファンであればあるほど、この「余談ながら」に惹《ひ》かれる。「余談ながら」が登場すると、「待ってました！」と叫びたくなる。

それが司馬遼太郎ファンである。

そこには、一種のサイド・ストーリーがあり、歴史好きには堪《たま》らない。本体も美味《おい》しいけど、こっちも旨《うま》い。司馬遼太郎はそのことをよくわきまえており、「お待ちかねの」という感じで、この「余談ながら」を持ち出すのだ。作家と読者との、不思議だが、幸福な関係が、そこにはある。国民的作家、と呼ばれる所以《ゆえん》である。

このような書き手のクセを、ひとつの魅力にした作家は、そうはない。そして自分でも使ってみようとして、文章に配しても、やっぱりどこかしっくりこないことに気づく。

俺は司馬遼太郎ではないのだから、ここはせいぜい「因みに」くらいにしておこう、と言い聞かせるのである。役者不足、とはこれである。

国民的作家司馬遼太郎には、その名に恥じない膨大な著作がある。老後は司馬遼太郎漬けでいこう、という大人が多いのは、このためである。幸せな作家、と言うべきだろう。

因みに、私も、その一人である。

ポイント

本筋から外れて脱線してしまうときは、「因みに」という言葉を頭にふろう。

49 阿刀田高に、推敲の大切さを学ぶ

よい文章を書くための具体的な指針として心に残っていることを記そう。これも若いときに、なにかで読んで知り、納得したことだ。記憶にまちがいがなければ、寺田寅彦《とらひこ》のエッセイではなかったか。出典はよくわからないし、それゆえに正確な紹介ではないかもしれないが〝文章を綴《つづ》ったあとは一週間とか一ヵ月くらい放っておいて、忘れたころに読み返して手を入れるのがよい〟という文章作法があった。一度自分の記憶から離して新しい目で見返してみろ、ということだろう。

――なるほどね――

と思った。推敲《すいこう》を重ねて、そのときはよいと思っても、また新しい目で見るとべつな弱点が見えてくる。新しい発想も加わる。自分の文章は同じ頭を持つ自分で見て直すのが一番よろしい。いや、それしかない、と考えたほうがいい。その同じ頭を少しべつな頭に変える工夫が役立つのである。

理屈はともかく私にはこの指摘がずっと役立っている。現実問題として現在は書いた原稿を一

ヵ月もしまっておくことはできないが……つまり締切りに間に合わせなくてはならないのが通例だが、せめて〝新しい目で見る〟ためささやかな工夫はめぐらしている。書き終えたら、その日は読み直さない。一晩は眠りを挟んでから読み直す。それが無理なときなら一風呂浴びる。私には、これが効く。風呂に入ると、それまでの雑念がなんによらず少し消えるからだ。

あ、もう一つ、最後に以前から実践的に心がけていることがある。日本語には関係代名詞がない。関係代名詞的な文章は極力書かないように努めてきた。

〝父が去年のクリスマスに買ってくれた太い万年筆を、大学に受かって上京してきた従弟《いとこ》に「これ、ほしい」と奪われてしまって、今は後悔している〟なんて書いてはいけない。

〝大切な万年筆を従弟に奪われてしまった。父が去年クリスマスに買ってくれた太いペンだ。従弟が大学に受かり上京してきて、いきなり「これ、ほしい」って……。残念無念、後悔している〟とか、いくつにも分けて書くのがよい。短く書くのが好きなのである。

——「告白的文章作法」『日本語を書く作法・読む作法』時事通信出版局

当代一流の短編小説作家阿刀田高《あとうだたかし》は、その文章作法と、短編の第一人者であることが、重なっている。そして自分でも、そう思っているようだ。

すなわち、短い文章が好きであると。

星新一亡き後の、ショート・ショート及び短編小説のジャンルでの右総代として、阿刀田高の評価は圧倒的である。だがここでは、そういう短い文章についての言及ではなく、推敲《すいこう》についての工夫を説いている。『日本語を書く作法・読む作法』より。

すなわち、一度書いたら、しばらく忘れる。少なくとも一晩は寝かせたい。

本当は一ヶ月ほど欲しいが、それはちょっとできない相談である、と。

アイデアであるなと思ったのは、一風呂浴びてから読み返す、これである。

心身ともにリフレッシュして読み返すと、思わぬ傷や欠点を発見することがある。だから一風呂。真似したいし、諸兄にも大いに薦《すす》めたい。

文章が下手な人は、決して書き方が問題なのではなく、一度書いたものを読み返さないからである。そういう余裕とか、もう一度なんて面倒くさい、と横着を決めるからダメなのだ。そういう気持ちを押しとどめるためにも、一風呂は有効であると思う。

知っている限りで、決して推敲しないと断言していたのは、亡くなった栗本薫、中島梓《あずさ》くらい。彼女は一種の天才であったから、これが可能だったのだ。

それはとにかく、推敲は大いにやるべし。そこで誤りを正す文章力を培っていくこと。それが文章上達の王道である。

そして、文章が上手になる方法は、まことにもって、それだけしかないのだ。

推敲の利点は多いが、要するに早飲み込みや一人合点を極力排除するのが、その最大の効用。人はどうしても自分勝手になりがちで、文章にはそれがよく出る。

文章が勝手に走りすぎていないかをチェックする。これも推敲の良いところだ。

そして、幾度も同じ表現や意見が出てくることを避ける。これも推敲によって可能である。「私」や「ぼく」の一人称が何度も出ていないことにも気を配る。

だらだらと続く文章は、どこかで二分割、三分割できないか検討する。などなど。

一風呂浴びて読み返すべし。こう説く阿刀田高は、さすがに日本ペンクラブ会長だけのことはある。

最後の「関係代名詞的な文章は極力書かないように努めてきた」も阿刀田ならでは。日本語には関係代名詞がないからだと理屈をつけるが、要するに自分が短く書くのが好きだから、君たちも短く書け、と言っているのである。

ポイント

書いたものは、一風呂浴びてから読み返す。
新しい目で見ることが、肝要なのだ。

50 小林秀雄に、名文の何たるかを学ぶ

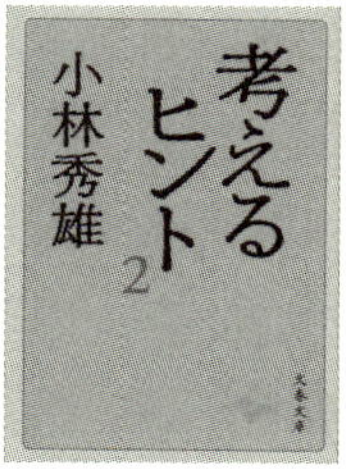

通念の力は強いものだ。人間を、そのまとった歴史的衣装から、どうあっても説明しようとする考えが、私達は、日常、全く逆な知恵で生活している事を忘れさせる。刻々と感じ、考え、決心する私達の意識は、後になって、止むを得ず歴史の衣をまとうであろうが、今は、ただ前に向いた意志であろう。この歴史的規定を脱した意志がなければ、私達の現在という価値は保持出来ない。私達は皆そうして暮している。過去の人々にも、他のどんな暮し方が出来ただろう。過去をふり返れば、こちらを向いて歩いて来る過去の人々に出会うのが、歴史の真相である。後向きなどになってはいない。内匠頭《たくみのかみ》は、刃傷《にんじょう》しようと決心しているのだし、これから辞世を詠もうとしている。歴史家の客観主義は、歴史を振り向くとともに、歴史上の人々にも、歴史を振向かす。それは、歴史の到るところで、自分と同じように考えている歴史家だけにめぐり会おうと計る事である。

既に述べたように、内匠頭が辞世を詠んだという確証はない。ただそう言い伝えて来たものかも知れない。ちっとも差支えない。伝説という言葉は、これを必要とした現実の人の心を思わず

しては、意味を成さぬ言葉である。ただ伝説であって史実ではないでは、意味をなさない。仮りに内匠頭は、辞世など詠まなかったという確証が別に見つかったとする。それなら、これは、辞世を詠んで欲しかった、辞世を詠むべきだという当時の人心の希《ねが》いもあった事を確証する。又仮りに内匠頭が辞世を詠んだという確証があるとしても、この歌は、どんな彼の心事を確証しているのだろう。彼は、歌によって、自分の心事はこうあるべきものと希ったに過ぎない。辞世は、彼の心的な或る史実の伝説である筈《はず》だ。屁理窟《へりくつ》めいた事を言うようだが、史実自体は何んの意味も持たぬものだ、という事をはっきり考えて欲しいというより外《ほか》他意はない。(略)

——「忠臣蔵　Ⅰ」『考えるヒント2』文春文庫

解説

恫喝《どうかつ》を知性に包んで斬り込んでくる、といった印象を受けるのが小林秀雄の文章である。啖呵《たんか》を切っているような文章、と評した人もいる（確か、誰彼構わず、と続いたのではなかったか）。それは小林の文章が、物事を的確に捉え、同時に勢いがある一方で、戦闘的、挑戦的な面を持つからだろう。その一つの例が、ここにある。

すなわち「通念の力は強いものだ」という、まさに有無をいわさぬ強い言い切り。以下の文章はそれを説明補強するものになっている。

ちなみにこれは「忠臣蔵」という、日本人なら誰でも知っている物語の発端を作った、播州赤穂五万三千石当主浅野内匠頭長矩《たくみのかみながのり》について、その行動を論じた文章である。

文章は、ことに短い文章では、結論をまず書け、とは文章作法の鉄則である。それを、ここではそのセオリー通りに行っている。厳密には、長い文章の一角でしかない。だがここで開陳している小林の趣旨は、この引用冒頭の「通念の力は強いものだ」を踏まえたものである。我われがいかに通念に振り回されているか、と説いている。

小林が攻撃しているのは、この通念を認めず、四角四面の資料やその他を振り回す連中、そういうのが相手である。小林は、忠臣蔵の内匠頭の取った行動には揺るがぬ事実があり、後世の我われには先刻承知のこと、とする。

時々、小林秀雄は本当に文章が上手だったのだろうかと、疑問を持つことがある。

それは、ここで持ち出した、——浅野内匠頭の行動は、万人が熟知しているのに、歴史家にかかると歴史的客観性を持ち出す。それが余計だ……という、ただそれだけのことを言いたいのに、くどくどと、そして韜晦《とうかい》を交えて書くからだ。歴史は振り向かずとも付いてくる、と言いたいだけなら、もっとあっさり書けばいいのに、と感じるからである。

引用文の最後にある「屁理窟めいた事を言うようだが、史実自体は何んの意味も持たぬものだ、という事をはっきり考えて欲しいというより外他意はない」。これで充分なのだから。

「それは、歴史の到るところで、自分と同じように考えている歴史家だけにめぐり会おうと計る事である」こういう表現が、文章の泰斗《たいと》小林秀雄一流のものであり、名文とされ、これまで誰もそこに疑いを持たず、接してきた。

だが待てよ、である。敢《あ》えて書くと——「内匠頭は、刃傷《にんじょう》しようと決心しているのだし、これから辞世を詠もうとしている」に続けて、「客観主義にとらわれるあまり、歴史家は無駄なことをする」とすればよいではないか。

文章上達には、名文だって一度疑ってかかれ、ということであります。

ポイント

名文だって一度疑ってかかれ。
たゆまぬ批判精神が上達のカギになる。

あとがき

名文を書くのはやさしくはない。だから練習する。本書はその練習用のテキストである。日本人の文章力は徐々に退化している、という。確かに大学で教えていて、そう実感することは多い。

だが、果たしてそれは現在だけの状況であろうか。そうではない。昔だって、皆さんが全員上等な文章を書いていたわけでは、あるまい。

それはさておき、大学で教えていて、文章には「型」があるのだと説くと、大きくうなずくのは体育系の学生であった。

毎日その「型」で、コーチや上級生から絞られているからだろう。

だが「型」を強調すると、これから文章を書こうという人に、反発を生じるかもしれない。「型」にはまらないことが、戦後教育の根幹であると叩き込まれてきたからだ。

そういうわけで「型」は意味として強すぎるとしても、表面に現れる「カタチ」は無視できない。

何を書くかはまちまち、まさに十人十色であり、その動機も目的も様々だ。

勝手に書けばよろしい。

だが、書くにあたっては「カタチ」を無視することはできないのだ。今回取り上げなかったが、十代や二十代で文学の賞を得た若手の作家たちも、意外なことだが、文章の「カタチ」を踏み外しているものは、見当たらなかった。相当過激なことを書く若手連中も、こと文章作法においては充分にその「カタチ」を踏襲しているのである。

だからここでは「カタチ」すなわち文章を書く上で必要な「技術論」を説いた。引用した五十編の名文には、文章を書くにあたって知っておくべき「技術論」が現れている。何を書いてもいいのだ。だが文章は、作法や技術としての「カタチ」が重要だ。

これが本書の結論でありキモである。

あくまで技術論に徹し、文章を書く上で学んでおくべきこと、知らなくてはならないこと、それを書いたのである。

本書を読んで、改めて原稿用紙やパソコンに向うと、それまでとは違う自分に気づくはずだ。

ところで、この百年の名文を、ここには素材として掲げた。様々に変化する日本語の文章のパターンが、ズラリと並んでいる。

一見すると名作全集のようである。これは知らなかった、読んでみよう、そう思っていただけたら、それはそれで、本書のいまひとつの効用である。嬉しい。

馬場啓一

馬場啓一（ばば・けいいち）
1948年、福岡県生まれ。早稲田大学法学部卒業。CMディレクターを経て文筆の道へ。ミステリ、ジャズ、映画、酒、ファッションと幅広いジャンルのエッセイを手がけるほか、小説も執筆。名文をひもときながら、そこに込められた文章技術を解説する今回の本は、2002年から流通経済大学で「現代文章論」の講義を続けてきたことの集大成ともいえる。
主な著書に、『池波正太郎が通った〔店〕』（いそっぷ社）『白洲次郎の生き方』（講談社文庫）『ジャズボーカルにくびったけ！』（シンコーミュージック）など。

名文を読みかえす
――夏目漱石からプロジェクトXまで

二〇一一年四月二十日　第一刷発行

著　者　馬場啓一
装　幀　山田英春
装　画　唐仁原教久
発行者　首藤知哉
発行所　株式会社いそっぷ社
〒一四六―〇〇八五
東京都大田区久が原五―五―九
電話　〇三（三七五四）八一一九
印刷・製本　シナノ印刷株式会社

落丁、乱丁本はおとりかえいたします。

ISBN978-4-900963-51-1 C0095
定価はカバーに表示してあります。